ULTIMATE CZERWONY AKSAMIT PIECZY

Kolekcja 100 luksusowych przysmaków z czerwonego aksamitu

Izabela Krajewska

Prawa autorskie ©2024

Wszelkie prawa zastrzeżone

Żadna część tej książki nie może być wykorzystywana ani rozpowszechniana w jakiejkolwiek formie i w jakikolwiek sposób bez odpowiedniej pisemnej zgody wydawcy i właściciela praw autorskich, z wyjątkiem krótkich cytatów użytych w recenzji. Niniejsza książka nie powinna być traktowana jako substytut porady lekarskiej, prawnej lub innej porady zawodowej.

SPIS TREŚCI

SPIS TREŚCI 3
WSTĘP 6
PIEKI ŚNIADANIOWE 7
  1. Białkowe tarty popowe Czerwony aksamit 8
  2. Naleśniki Czerwony aksamit z Polewą Kefirową 11
  3. Miski na smoothie z czerwonego aksamitu 13
  4. Naleśniki z czerwonego aksamitu z nadzieniem serowym 15
  5. Roladki cynamonowe Czerwony aksamit 17
  6. Pieczone pączki z czerwonego aksamitu 20
  7. Naleśnik dmuchany z czerwonego aksamitu 22
  8. Serowy wafel z czerwonego aksamitu 24
  9. Tosty francuskie z czerwonego aksamitu 26
  10. Chleb bananowy z czerwonego aksamitu 28
  11. Wafel Czerwony aksamit Mochi 30
  12. Jajka Marynowane Czerwony Aksamit 32
  13. Czerwone aksamitne latkes 34
  14. Hash z czerwonego aksamitu 36
  15. Pizza z jajkiem Czerwony aksamit 38
  16. Ciasto owsiane Czerwony aksamit 40
  17. Batony śniadaniowe Czerwony aksamit 42
  18. Pudding z czerwonego aksamitu 44
  19. Tosty francuskie pieczone w kolorze czerwonego aksamitu .. 46
  20. Ciasto naleśnikowe z czerwonego aksamitu 48
  21. Scones z czerwonego aksamitu 50
  22. Ciasteczka śniadaniowe Czerwony aksamit 52
  23. Pączki z czerwonego aksamitu 55
  24. Pączki z ciasta Czerwony aksamit z polewą serową 57
  25. Muffinki z czerwonego aksamitu z polewą kruszonką 59
  26. Chleb bananowy z czerwonego aksamitu 62
  27. Czerwony aksamit Ciasta Herbaciane 64
  28. Naleśniki nadziewane czerwonym aksamitem 66
  29. Muffinki Mochi ze świeżymi truskawkami 69
  30. Muffinki Czerwony aksamit Nutella Mochi 71
  31. Truskawkowe Naleśniki Margarita 73
  32. Pączki Godiva 76
PRZYSTAWKI I PRZEKĄSKI 79
  33. Bomby z czerwonego aksamitu 80
  34. Batony dyniowe z czerwonego aksamitu 82

35. BATON PROTEINOWY CZERWONY AKSAMIT FUDGE S 84
36. KARMA DLA SZCZENIĄT CZERWONY AKSAMIT..86
37. MIESZANKA IMPREZOWA CZERWONY AKSAMIT 88
38. KULECZKI Z CZERWONEGO AKSAMITU 90
39. FILIŻANKI Z CZERWONEGO AKSAMITU 93
40. KULKA SERA CZERWONEGO AKSAMITU 95
41. BROWNIE Z SERNIKIEM CZERWONY AKSAMIT..97
42. KRISPIES Z RYŻU Z CZERWONEGO AKSAMITU 100
43. CHIPSY CZERWONY AKSAMIT 102
44. CIASTECZKA MARSZCZONE Z CZERWONEGO AKSAMITU 104
45. SERNIK CZERWONY AKSAMIT SERNIK WIROWE BLONDIES....................................106
46. CZERWONE AKSAMITNE CIASTECZKA WHOOPIE 108
47. BROWNIE Z CZERWONEGO AKSAMITU...111
48. BATONY Z CZERWONYMI AKSAMITNYMI CIASTECZKAMI 113
49. CIASTECZKA NADZIEWANE SERKIEM CZERWONY AKSAMIT 115
50. CUKIERKI Z CZERWONEGO AKSAMITU 117
51. ROZPINANE ELEMENTY Z CZERWONEGO AKSAMITU 119
52. KORA CZERWONEGO AKSAMITU 121
53. BATONY CZERWONY AKSAMIT I JAGODY AÇAÍ MAQUI..123
54. KRISPIES Z RYŻU Z CZERWONEGO AKSAMITU 125
55. MADELEINES Z DŻEMEM I KOKOSEM..127

DESER 130

56. CIASTECZKA CZERWONY AKSAMIT NADZIEWANE SEREM ŚMIETANKOWYM 131
57. KLUSKI Z RABARBAREM 134
58. CIASTO CZERWONY AKSAMIT TRES LECHES 137
59. ROLADA Z CIASTA CUKIERKOWEGO...140
60. BABECZKI PIÑATA..143
61. CIASTECZKA TRUSKAWKOWO-CZEKOLADOWE 146
62. CIASTO KUBKOWE Z CUKROWYM CIASTKIEM..148
63. MACARONS Z MALINAMI I RÓŻAMI 150
64. BABECZKI CZERWONE AKSAMITNE 153
65. MROŻONE CIASTO Z CZERWONEGO AKSAMITU 155
66. SUFLET TRUSKAWKOWY..158
67. CIASTO CZERWONEGO AKSAMITU 160
68. CIASTECZKA Z KAWAŁKAMI CZEKOLADY CZERWONY AKSAMIT 163
69. WAFEL LODOWY Z CZERWONEGO AKSAMITU..166
70. MINISERNIKI CZERWONY AKSAMIT 169
71. MUFFINKI Z KREMOWYM SERKIEM CZERWONY AKSAMIT 172
72. TARTA MALINOWA CZERWONY AKSAMIT 175
73. SUFLETY Z CZERWONEGO AKSAMITU 177
74. CIASTECZKA CZERWONY AKSAMIT Z ODCISKIEM KCIUKA, WYPEŁNIONE BIAŁĄ CZEKOLADĄ ..179
75. CIASTO KAWOWE Z CZERWONEGO AKSAMITU 181
76. MUS SERNIKOWY Z CZERWONEGO AKSAMITU 183
77. SZEWC Z CZERWONEGO AKSAMITU I JAGÓD..185

78. Ciasto Owocowe z Czerwonego Aksamitu 187
79. Ciastko Czerwony aksamit 189
80. Makaroniki z czerwonego aksamitu 191
81. Miętowe eklery 194
82. Szyfonowe ciasto z gujawą 197
83. Tort z czerwonego aksamitu 200
84. Ciasto z lodem z czerwonego aksamitu 202
85. Sernik wiśniowy z czerwoną lustrzaną polewą 204
86. Ciasto Buraczane Czerwone Aksamitne 208
87. Zapiekanka z buraków 210
88. Suflet z buraków zielonych 212
89. Mus z buraków z czerwonego aksamitu 214
90. Chleb z Buraków 216
91. Eklery Czerwony aksamit o smaku malinowo-czekoladowym 218
92. Macarons z malinami i różą liczi 221
93. Ciasto śniadaniowe z rabarbarem i wstążką 225
94. Trufle Sernik Malinowy 228
95. Sernik Dyniowy 230
96. Babeczki Cukierkowe Lustrzane Czerwone Lustrzane 232
97. Czerwone aksamitne ciasteczka Whoopie 236
98. Pudding Chlebowy Czerwony aksamit z Sosem Bourbon 238
99. Malinowe Lamingtony 240
100. Makaroniki espresso z miętową korą 243

WNIOSEK **247**

WSTĘP

Zanurz się w dekadenckim świecie czerwonego aksamitu dzięki „Ultimate Czerwony Aksamit Pieczy: kolekcja 100 luksusowych przysmaków z czerwonego aksamitu". Czerwony aksamit swoim bogatym kolorem, aksamitną konsystencją i nieodpartym smakiem urzekł miłośników deserów na całym świecie. W tej książce kucharskiej zapraszamy Cię do odkrywania nieskończonych możliwości tego kultowego smaku dzięki wyselekcjonowanej kolekcji 100 luksusowych przepisów na czerwony aksamit, które z pewnością zaspokoją Twoją ochotę na słodycze i poszerzą Twój repertuar wypieków.

Od klasycznego ciasta z czerwonego aksamitu ozdobionego lukrem z serka śmietankowego po innowacyjne rozwiązania, takie jak ciasteczka z sernikiem z czerwonego aksamitu i naleśniki z czerwonego aksamitu – każdy przepis w tej książce kucharskiej jest celebracją rozkosznego uroku czerwonego aksamitu. Niezależnie od tego, czy planujesz specjalną okazję, uroczyste spotkanie, czy po prostu pragniesz dekadenckiej uczty, na tych stronach znajdziesz inspirację i radość.

Dzięki jasnym instrukcjom, pomocnym wskazówkom i oszałamiającym zdjęciom „Ultimate Czerwony Aksamit Pieczy" pozwala z łatwością i pewnością odtworzyć magię czerwonego aksamitu we własnej kuchni. Niezależnie od tego, czy jesteś doświadczonym piekarzem, czy początkującym entuzjastą, te przepisy zostały zaprojektowane tak, aby robić wrażenie i zachwycać, zapewniając, że każdy kęs będzie smakiem czystego luksusu.

Rozgrzej więc piekarnik, odkurz miski miksujące i przygotuj się na pyszną podróż po świecie czerwonego aksamitu. Niezależnie od tego, czy pieczesz dla siebie, swoich bliskich, czy na specjalną okazję, „Ultimate Czerwony Aksamit Pieczy" obiecuje podnieść poziom pieczenia i sprawić, że będziesz mieć ochotę na więcej.

PIEKI ŚNIADANIOWE

1. Białkowe tarty popowe Czerwony aksamit

SKŁADNIKI:
- ¼ szklanki mąki owsianej
- 1 ½ łyżki proszku białkowego czekoladowego
- 1 łyżka masła orzechowego w proszku
- 2 łyżeczki niesłodzonego proszku kakaowego
- 3 łyżki odtłuszczonego zwykłego jogurtu greckiego, zimnego
- ½ łyżeczki czerwonego barwnika spożywczego w płynie

POŻYWNY:
- 2 łyżki odtłuszczonego zwykłego jogurtu greckiego
- 1 łyżka proszku białka waniliowego

LUKIER:
- 1 łyżka beztłuszczowego zwykłego jogurtu greckiego
- 1 ½ łyżeczki Zero Calorie 1:1 Zamiennik cukru pudru lub zwykły

INSTRUKCJE:
a) Przetwórz mąkę owsianą, proszek białkowy, masło orzechowe w proszku i proszek kakaowy w robocie kuchennym.
b) Dodaj jogurt grecki i czerwony barwnik spożywczy i wyrób kulę ciasta – około 15 sekund; zatrzymaj się, gdy tylko uformuje się kula.
c) Rozwałkuj kulę ciasta, a następnie uformuj prostokąt (około 10"x4", ¼" grubości); w razie potrzeby użyj kawałków złomu wokół krawędzi, aby nadać im odpowiedni kształt.
d) Przekrój na 2 połówki (każda o wymiarach 5 x 4 cale).

WYKONAJ NADZIENIE:
e) W misce wymieszaj jogurt grecki i proszek białkowy waniliowy.

MONTAŻ I PIEC:
f) Weź jeden prostokąt ciasta i rozłóż nadzienie na środku (zostaw około ½ cala od krawędzi).
g) Przykryć drugim prostokątem i skleić brzegi widelcem.
h) Umieścić w koszu frytkownicy i gotować w temperaturze 400°F przez 7 minut.
i) (lub piecz w temperaturze 200°F przez 8-9 minut, przewracając do połowy)
j) Pozostawić do ostygnięcia na kilka minut.

LUKIER:
k) W misce wymieszaj jogurt ze słodzikiem i połóż na wierzchu schłodzonej tarty popowej.
l) Posypać okruchami ciasta, jeśli występują.

2.Naleśniki Czerwony aksamit Z Polewą Kefirową

SKŁADNIKI:
BYCZY
- ½ szklanki kefiru zwykłego
- 2 łyżki cukru pudru

NALEŚNIKI
- 1 ¾ szklanki staromodnych płatków owsianych
- 3 łyżki kakao w proszku
- 1 ½ łyżeczki proszku do pieczenia
- 1 łyżeczka sody oczyszczonej
- ¼ łyżeczki soli
- 3 łyżki syropu klonowego
- 2 łyżki roztopionego oleju kokosowego
- 1 ½ szklanki 2% mleka o niskiej zawartości tłuszczu
- 1 duże jajko
- 1 łyżeczka czerwonego barwnika spożywczego
- Wiórki czekoladowe lub chipsy do podania

INSTRUKCJE:
a) Aby przygotować polewę, dodaj oba składniki do małej miski i mieszaj, aż się połączą. Odłożyć na bok.
b) Aby przygotować naleśniki, dodaj wszystkie składniki do wysokoobrotowego blendera i miksuj na wysokich obrotach, aby upłynnić. Upewnij się, że wszystko jest dobrze wymieszane.
c) Pozwól ciastu odpocząć przez 5 do 10 minut. Dzięki temu wszystkie składniki dobrze się połączą i ciasto będzie miało lepszą konsystencję.
d) Spryskaj patelnię lub patelnię z powłoką nieprzywierającą obficie olejem roślinnym i podgrzej na średnim ogniu.
e) Gdy patelnia będzie gorąca, dodaj ciasto za pomocą miarki o pojemności ¼ szklanki i wlej ciasto na patelnię, aby zrobić naleśnik. Użyj miarki, aby uformować naleśnik.
f) Gotuj, aż boki będą gotowe, a na środku pojawią się bąbelki, 3 minuty, a następnie odwróć naleśnik.
g) Gdy naleśnik będzie już upieczony z tej strony, zdejmij go z ognia i połóż na talerzu.
h) Kontynuuj te kroki z resztą ciasta.
i) Układaj i podawaj z polewą i kawałkami czekolady.

3.Miski na smoothie z czerwonego aksamitu

SKŁADNIKI:
- 1 pieczony burak ostudzony
- 1 szklanka mrożonych wiśni
- 1 banan posiekany i zamrożony
- ¼ szklanki mleka
- 3 łyżki kakao w proszku
- 1 łyżka miodu
- Pomysły na dodatki: owoce/buraki w kształcie serca, banan, nasiona, orzechy, kokos

INSTRUKCJE:

a) Połącz wszystkie składniki w blenderze na gładką masę, dodając więcej mleka i miodu w razie potrzeby, aby uzyskać konsystencję i słodycz odpowiadającą Twoim upodobaniom.

b) Posyp ulubionymi orzechami/nasionami, bananem i kakao.

4. Naleśniki z czerwonego aksamitu z nadzieniem serowym

SKŁADNIKI:
- 2 jajka
- 1 szklanka mleka
- ½ szklanki wody
- ½ łyżeczki soli
- 3 łyżki roztopionego masła
- 1 łyżeczka cukru
- 1 łyżeczka ekstraktu waniliowego
- 1 szklanka mąki
- 1 ½ łyżki kakao w proszku
- Opcjonalnie 5 kropli czerwonego barwnika spożywczego
- Nadzienie serowe/mżawka

INSTRUKCJE:
a) Połącz jajka, mleko, wodę, sól, cukier, wanilię i 3 łyżki roztopionego masła w blenderze i pulsuj, aż zacznie się pienić, około 30 sekund.
b) Dodać mąkę i kakao i zmiksować na gładką masę.
c) Jeśli używasz, dodaj w tym momencie barwnik spożywczy. Będziesz musiał sprawić, że ciasto będzie nieco jaśniejsze niż chcesz, aby był produkt końcowy.
d) Ciasto schładzamy przez 30 minut lub przez noc.
e) Gdy będziesz gotowy do przygotowania naleśników, rozgrzej 1 łyżkę masła na patelni do naleśników lub innej płytkiej patelni. Przed dodaniem ¼ szklanki ciasta naleśnikowego i mieszaniem, tak aby pokryć powierzchnię patelni, upewnij się, że masło pokryło całą powierzchnię patelni.
f) Smaż naleśniki przez minutę, ostrożnie przewróć na drugą stronę i smaż przez pół minuty z drugiej strony.
g) Udekoruj sosem czekoladowym i resztkami nadzienia serowego.

5. Roladki cynamonowe Czerwony aksamit

SKŁADNIKI:
DO BUŁEK CYNAMONOWYCH
- 4½ łyżeczki suszonych drożdży
- 2-½ szklanki ciepłej wody
- 15,25 uncji Pudełko mieszanki ciast Czerwony aksamit
- 1 łyżeczka ekstraktu waniliowego
- 1 łyżeczka soli
- 5 szklanek mąki uniwersalnej

DO MIESZANKI CUKRU CYNAMONOWEGO
- 2 szklanki cukru brązowego
- 4 łyżki mielonego cynamonu
- ⅔ szklanki miękkiego masła

DO LUKU Z SERKA KREMOWEGO
- 16 uncji każdego serka śmietankowego, zmiękczonego
- ½ szklanki miękkiego masła
- 2 szklanki cukru pudru
- 1 łyżeczka ekstraktu waniliowego

INSTRUKCJE:

a) W dużej misce wymieszaj drożdże z wodą, aż się rozpuszczą.
b) Dodać mieszankę ciasta, wanilię, sól i mąkę. Dobrze wymieszaj – ciasto będzie lekko klejące.
c) Przykryj miskę szczelnie plastikową folią. Pozostaw ciasto do wyrośnięcia na godzinę. Zagnieść ciasto i pozwolić mu ponownie wyrosnąć na kolejne 45 minut.
d) Na lekko posypanej mąką powierzchni rozwałkuj ciasto na duży prostokąt o grubości około ¼ cala. Masę równomiernie rozsmaruj na całym cieście.
e) W średniej misce wymieszaj brązowy cukier i cynamon. Posyp masło mieszaniną brązowego cukru.
f) Zwiń jak galaretkę, zaczynając od dłuższego brzegu. Pokrój na 24 równe kawałki.
g) Nasmaruj tłuszczem dwie formy do pieczenia o wymiarach 9 x 13 cali. Na patelniach ułóż plasterki bułki cynamonowej. Przykryć i odstawić w ciepłe miejsce do podwojenia objętości.
h) Rozgrzej piekarnik do 350°F.
i) Piec przez 15-20 minut lub do momentu ugotowania.
j) Podczas gdy bułeczki cynamonowe się pieczą, przygotuj lukier z serka śmietankowego, ucierając serek śmietankowy z masłem w średniej misce, aż uzyskasz kremową konsystencję. Wymieszaj wanilię. Stopniowo dodawaj cukier puder.

6.Pieczone pączki z czerwonego aksamitu

SKŁADNIKI:
- 2 ¼ szklanki mąki
- 1 łyżka proszku do pieczenia
- ½ łyżeczki soli
- ⅔ szklanki cukru
- 1 jajko
- 2 łyżki oleju roślinnego
- 2 łyżki kakao w proszku
- 1 łyżeczka wanilii
- ½ szklanki mleka o niskiej zawartości tłuszczu
- Czerwona miękka pasta żelowa
- Glazura

INSTRUKCJE:
a) Rozgrzej piekarnik do 350 stopni.
b) Spryskaj formę do pączków sprayem kuchennym i odłóż na bok.
c) W średniej misce wymieszaj mąkę, proszek do pieczenia i sól.
d) Dobrze wymieszaj i odłóż na bok.
e) W dużej misce wymieszaj cukier, jajko i olej roślinny.
f) Dodać kakao i wanilię i dobrze wymieszać.
g) Powoli mieszaj mleko, aż składniki dobrze się połączą.
h) Dodawaj suche składniki, około pół szklanki na raz, dobrze mieszając po każdym dodaniu.
i) Dodaj kilka kropli czerwonego barwnika spożywczego i mieszaj, aż ciasto uzyska pożądany kolor.
j) Włóż ciasto do torebki zamykanej na zamek błyskawiczny i zamknij.
k) Odetnij koniec i wyciśnij rurkę do formy na pączki, wypełniając każdą miseczkę na pączki do ⅔ jej wysokości.
l) Piec 12-15 minut, uważając, aby pączki się nie przyrumieniły.
m) Wierzch pączków maczamy w polewie i posypujemy serduszkami lub posypką.

7.Naleśnik dmuchany z czerwonego aksamitu

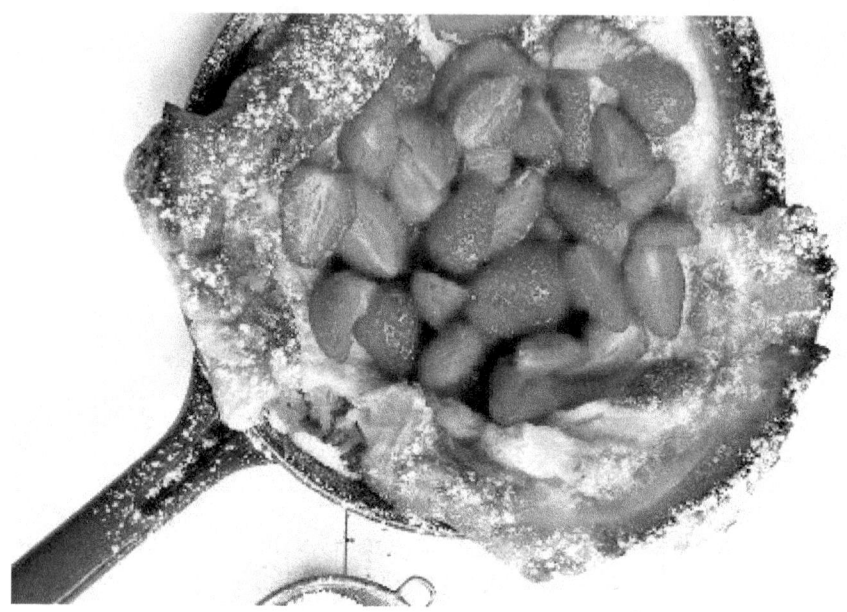

SKŁADNIKI:
- 4 duże jajka
- 1 szklanka mleka
- ¾ szklanki + 2 łyżki mąki uniwersalnej
- 2 łyżki kakao w proszku
- ¼ szklanki granulowanego cukru
- ¼ łyżeczki soli koszernej
- 1 łyżeczka ekstraktu waniliowego
- 2 łyżki niesolonego masła
- ½ łyżeczki czerwonego barwnika spożywczego w żelu
- Spray do gotowania
- Glazura

INSTRUKCJE:
a) Rozgrzej piekarnik do 400 stopni F
b) Do blendera włóż jajka, mleko, mąkę, kakao, cukier, sól i wanilię; mieszaj, aż dokładnie się połączą. Dodać barwnik spożywczy i miksować przez 30 sekund.
c) Rozgrzej 10-calową żeliwną patelnię lub patelnię z powłoką nieprzywierającą na średnim ogniu. Dodać masło i rozpuścić. Wlać ciasto na patelnię. Włóż blachę do piekarnika i piecz, aż się zarumieni, napęcznieje i będzie ugotowane przez około 20-25 minut.
d) Gdy naleśnik jest w piekarniku, przygotuj polewę z serka śmietankowego. Ubij serek śmietankowy i masło mikserem, aż dokładnie się połączą, 1-3 minuty. Dodać mleko i ubijać do połączenia. Powoli dodawaj cukier puder i mieszaj, aż powstanie lukier. W razie potrzeby można dodawać po łyżeczce więcej mleka, aby lukier nabrał lejącej konsystencji.
e) Naleśnik pokroić w ćwiartki i podawać z polewą z serka śmietankowego i owocami.

8.Serowy wafel z czerwonego aksamitu

SKŁADNIKI:

- 1 jajko
- 1 uncja sera śmietankowego
- 2 łyżki mąki kokosowej
- 1 łyżka maślanki
- 2 łyżeczki słodzika bez cukru
- ½ łyżeczki proszku do pieczenia
- ½ łyżeczki kakao w proszku
- czerwony barwnik do jedzenia

INSTRUKCJE:

a) Rozgrzej gofrownicę.
b) Wymieszaj wszystkie składniki. Dodaj kilka kropli czerwonego barwnika spożywczego, aby uzyskać pożądany odcień różu lub czerwieni.
c) Wlej około ⅓ ciasta z czerwonego aksamitu do gofrownicy, jeśli używasz mini gofrownicy.
d) Zamknij gofrownicę i gotuj przez 3-5 minut lub do momentu, aż gofrownica stanie się złotobrązowa i stwardnieje.
e) Wyjmij gofrownicę z gofrownicy i podawaj.

9.Tosty francuskie z czerwonego aksamitu

SKŁADNIKI:
- Brioszka 8 plasterków
- 3 duże jajka
- 1 szklanka pół na pół śmietanki 10% MF
- 2 łyżki cukru granulowanego
- 1 łyżka ekstraktu waniliowego
- 2 łyżki kakao w proszku
- 2-3 łyżki czerwonego barwnika spożywczego
- ¼ łyżeczki soli
- 2-3 łyżki masła lub oleju do smażenia
- Krem do ciasta z kremowego serka

INSTRUKCJE:

a) Rozgrzej piekarnik do 250F. Połóż plasterki brioszki na blasze i piecz przez 15-20 minut lub do momentu, aż lekko wyschną. Całkowicie ostudź plastry. Wymieszaj jajka, śmietanę, cukier, wanilię, kakao w proszku, barwnik spożywczy i sól.

b) Wlać masę jajeczną na plastry.

c) Obracaj plasterki co kilka minut i nakładaj na nie mieszaninę, aż prawie cała mieszanina zostanie wchłonięta. Około 10 minut.

d) Rozgrzej patelnię na średnim ogniu. Dodaj masło, a następnie połóż plasterki na patelni. Smaż przez 2-3 minuty z każdej strony lub do momentu, aż się zrumieni.

10. Chleb bananowy z czerwonego aksamitu

SKŁADNIKI:
- 1 opakowanie mieszanki ciast Czerwony aksamit
- 3 duże jajka
- ⅓ szklanki oleju
- 1 ½ szklanki puree bananowego, około 3 lub 4 bananów
- 1 szklanka posiekanych orzechów pekan

INSTRUKCJE:
a) Rozgrzej piekarnik do 350°F. Dwie formy do pieczenia natłuszczamy i oprószamy mąką.
b) Wymieszaj suchą mieszankę ciasta, jajka, olej, puree bananowe i posiekane orzechy pekan, aż dobrze się wymieszają. Wlać ciasto do przygotowanych foremek.
c) Piec przez 30 do 35 minut lub do momentu, gdy wykałaczka wbita w środek będzie czysta.
d) Wyjmij z piekarnika na kratkę do studzenia na 10 minut przed wyjęciem z formy.
e) Całkowicie ostudzić na metalowej kratce. W razie potrzeby posyp cukrem pudrem.

11. Wafel Czerwony aksamit Mochi

SKŁADNIKI:

- 1 ½ szklanki mleka
- 2 jajka
- 2 łyżki czerwonego barwnika spożywczego
- 1 łyżeczka ekstraktu waniliowego
- ½ łyżeczki destylowanego białego octu
- 2 ½ szklanki mąki mochiko
- ½ szklanki granulowanego cukru
- 1 łyżka proszku do pieczenia
- 1 łyżka kakao w proszku
- ½ łyżeczki soli

INSTRUKCJE:

a) Rozgrzej gofrownicę.
b) Do średniej miski miksującej dodaj mokre składniki i wymieszaj, aż dobrze się połączą. Odłożyć na bok.
c) Następnie do dużej miski dodać suche składniki.
d) Ubijaj, aż dobrze się połączą.
e) Do suchych składników dodać mokre i wymieszać tylko do połączenia.
f) Spryskaj powierzchnię gofrownicy nieprzywierającym sprayem kuchennym. Wlać ciasto do gofrownicy i smażyć, aż lekko się zarumieni.

12. Jajka Marynowane Czerwony Aksamit

SKŁADNIKI:

- 6 jaj
- 1 szklanka białego octu
- Sok z 1 puszki buraków
- ¼ szklanki) cukru
- ½ łyżki soli
- 2 ząbki czosnku
- 1 łyżka całego pieprzu
- 1 liść laurowy

INSTRUKCJE:

a) Rozgrzej łaźnię wodną do 170 °F
b) Umieść jajka w torbie. Zamknij torebkę i umieść ją w wannie. Gotuj przez 1 godzinę.
c) Po 1 godzinie jajka włóż do miski z zimną wodą, aby ostygły i ostrożnie je obierz. W torebce, w której gotowałeś jajka, połącz ocet, sok z buraków, cukier, sól, czosnek i liść laurowy.
d) Zastąp jajka w torebce płynem marynującym. Włóż ponownie do łaźni wodnej i gotuj przez dodatkową godzinę.
e) Po 1 godzinie jajka z płynem marynującym przenieść do lodówki.
f) Przed jedzeniem poczekaj, aż całkowicie ostygnie.

13.Czerwone aksamitne latkes

SKŁADNIKI:

- 1 szklanka drobno posiekanych świeżych buraków
- 2 łyżki skrobi kukurydzianej
- 4 żółtka ubić
- ½ łyżeczki cukru
- 3 łyżki gęstej śmietanki lub nierozcieńczonego skondensowanego mleka
- ½ łyżeczki mielonej gałki muszkatołowej
- 1 łyżeczka soli

INSTRUKCJE:

a) Połącz wszystkie składniki w misce miksującej.
b) Dobrze wymieszaj i piecz jak naleśnik na gorącej patelni wysmarowanej masłem lub ciężkiej patelni.
c) Podawać z marmoladą owocową lub konfiturami.

14. Hash z czerwonego aksamitu

SKŁADNIKI:

- 1 funt buraków, obranych i pokrojonych w kostkę
- ½ funta ziemniaków Yukon Gold, wyszorowanych i pokrojonych w kostkę
- Gruba sól i świeżo zmielony czarny pieprz
- 2 łyżki oliwy z oliwek extra virgin
- 1 mała cebula, pokrojona w kostkę
- 2 łyżki posiekanej świeżej natki pietruszki
- 4 duże jajka

INSTRUKCJE:

a) Na patelni z wysokimi ściankami zalej buraki i ziemniaki wodą i zagotuj. Dopraw solą i gotuj do miękkości, około 7 minut. Odcedź i wytrzyj patelnię.

b) Rozgrzej olej na patelni na średnim ogniu. Dodaj ugotowane buraki i ziemniaki i gotuj, aż ziemniaki zaczną się złocić, około 4 minut. Zmniejsz ogień do średniego, dodaj cebulę i gotuj, mieszając, aż będzie miękka, około 4 minut. Dostosuj przyprawy i dodaj natkę pietruszki.

c) Zrób cztery szerokie dołki w haszu. Do każdego wbijamy po jednym jajku i doprawiamy solą. Gotuj, aż białka się zetną, ale żółtka będą nadal płynne, od 5 do 6 minut.

15. Pizza z jajkiem Czerwony aksamit

SKŁADNIKI:
NA SKÓRĘ PIZZY:
- 1 szklanka gotowanych i puree z buraków
- ¾ szklanki mąki migdałowej
- ⅓ szklanki mąki z brązowego ryżu
- ½ łyżeczki soli
- 2 łyżeczki proszku do pieczenia
- 1 łyżka oleju kokosowego
- 2 łyżeczki posiekanego rozmarynu
- 1 jajko

DODATKI:
- 3 jajka
- 2 plasterki gotowanego boczku pokruszone
- awokado
- ser

INSTRUKCJE:
a) Rozgrzej piekarnik do 375 stopni.
b) Wszystkie składniki na spód pizzy wymieszać.
c) Piec przez 5 minut.
d) Wyjmij i zrób 3 małe „dołki" za pomocą grzbietu łyżki lub foremki do lodów.
e) Wrzuć 3 jajka do tych „studzienek".
f) Piec 20 minut.
g) Posyp serem i boczkiem i piecz przez kolejne 5 minut.
h) Dodaj więcej rozmarynu, sera i awokado.

16. Ciasto owsiane Czerwony aksamit

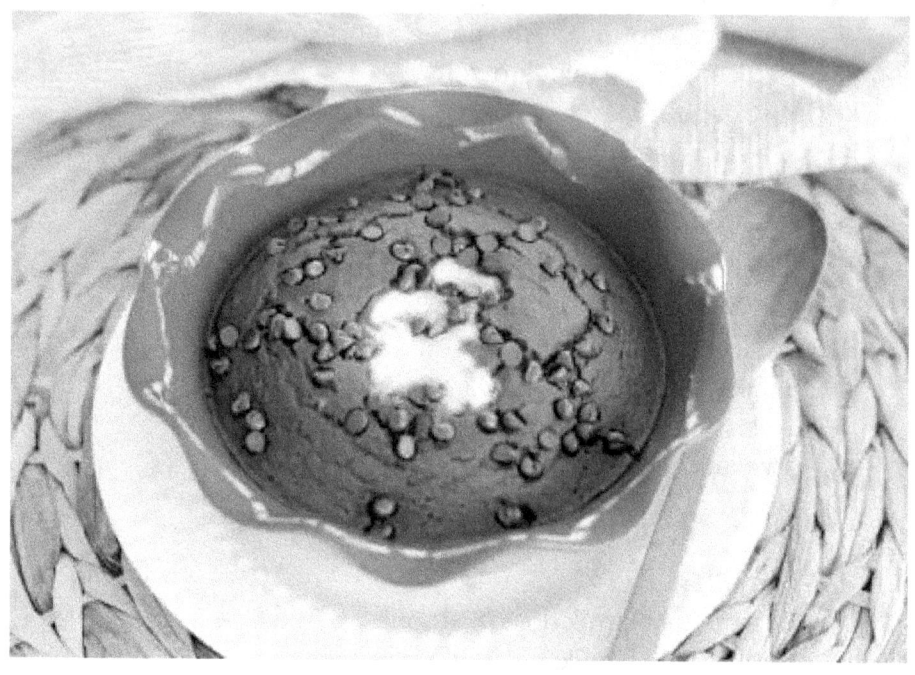

SKŁADNIKI:

- 1 szklanka płatków owsianych
- 1 szklanka mleka (lub innego bezmlecznego)
- 1 dojrzały banan, rozgnieciony
- 1/4 szklanki kakao w proszku
- 1/4 szklanki miodu lub syropu klonowego
- 1/4 szklanki jogurtu greckiego
- 1 łyżeczka ekstraktu waniliowego
- 1/2 łyżeczki proszku do pieczenia
- 1/4 łyżeczki soli
- 1/4 szklanki kawałków czekolady (opcjonalnie)
- Czerwony barwnik spożywczy (wg uznania)

INSTRUKCJE:

a) Rozgrzej piekarnik do 175°C (350°F). Nasmaruj naczynie do pieczenia.
b) W misce wymieszaj płatki owsiane, kakao, proszek do pieczenia i sól.
c) W drugiej misce wymieszaj puree bananowe, mleko, miód lub syrop klonowy, jogurt grecki i ekstrakt waniliowy.
d) Wlać mokre składniki do suchych i wymieszać, aż dobrze się połączą.
e) Dodawaj czerwony barwnik spożywczy aż do uzyskania pożądanego koloru, dobrze mieszając.
f) Włóż kawałki czekolady, jeśli używasz.
g) Powstałą masę wlać do przygotowanej formy do pieczenia i równomiernie rozprowadzić.
h) Piec w nagrzanym piekarniku przez 25-30 minut lub do momentu, aż ciasto się zetnie.
i) Po upieczeniu wyjąć z piekarnika i przed podaniem lekko ostudzić. Ciesz się ciastem owsianym Czerwony aksamit!

17. Batony śniadaniowe Czerwony aksamit

SKŁADNIKI:

- 1 1/2 szklanki mąki uniwersalnej
- 1 szklanka płatków owsianych
- 1/2 szklanki brązowego cukru
- 1/4 szklanki kakao w proszku
- 1 łyżeczka proszku do pieczenia
- 1/2 łyżeczki soli
- 1/2 szklanki niesolonego masła, roztopionego
- 1/4 szklanki mleka (lub innego mleka bez nabiału)
- 1 łyżeczka ekstraktu waniliowego
- Czerwony barwnik spożywczy (wg uznania)
- 1/2 szklanki kawałków czekolady (opcjonalnie)

INSTRUKCJE:

a) Rozgrzej piekarnik do 175°C (350°F). Nasmaruj tłuszczem naczynie do pieczenia lub wyłóż je papierem pergaminowym.
b) W dużej misce wymieszaj mąkę, płatki owsiane, brązowy cukier, kakao w proszku, proszek do pieczenia i sól.
c) Do suchych składników dodać roztopione masło, mleko i ekstrakt waniliowy. Mieszaj, aż dobrze się połączą.
d) Dodawaj czerwony barwnik spożywczy aż do uzyskania pożądanego koloru, dobrze mieszając.
e) Włóż kawałki czekolady, jeśli używasz.
f) Powstałą masę przełóż do przygotowanej formy do pieczenia, równomiernie ją rozprowadzając.
g) Piec w nagrzanym piekarniku przez 20-25 minut lub do momentu, aż krawędzie będą złotobrązowe, a wykałaczka wbita w środek będzie czysta.
h) Po upieczeniu wyjąć z piekarnika i pozostawić do całkowitego ostygnięcia przed pokrojeniem w batoniki. Ciesz się batonikami śniadaniowymi Czerwony aksamit!

18.Pudding z czerwonego aksamitu

SKŁADNIKI:
- 6 szklanek chleba pokrojonego w kostkę (takiego jak chleb francuski lub brioszka)
- 2 szklanki mleka (lub innego bezmlecznego)
- 4 jajka
- 1/2 szklanki granulowanego cukru
- 1/4 szklanki kakao w proszku
- 1 łyżeczka ekstraktu waniliowego
- Czerwony barwnik spożywczy (wg uznania)
- 1/2 szklanki kawałków czekolady (opcjonalnie)
- Cukier puder do posypania (opcjonalnie)
- Bita śmietana do podania (opcjonalnie)

INSTRUKCJE:
a) Rozgrzej piekarnik do 175°C (350°F). Nasmaruj naczynie do pieczenia.
b) W dużej misce wymieszaj mleko, jajka, cukier, kakao i ekstrakt waniliowy.
c) Dodawaj czerwony barwnik spożywczy aż do uzyskania pożądanego koloru, dobrze mieszając.
d) Włóż kawałki czekolady, jeśli używasz.
e) Dodaj pokrojony w kostkę chleb do mieszanki, upewniając się, że cały chleb jest równomiernie pokryty.
f) Przełóż masę do przygotowanej formy do pieczenia, równomiernie ją rozprowadzając.
g) Piec w nagrzanym piekarniku przez 30-35 minut lub do momentu, aż budyń chlebowy stwardnieje i będzie złocistobrązowy na wierzchu.
h) Po upieczeniu wyjąć z piekarnika i przed podaniem lekko ostudzić.
i) Posypać cukrem pudrem i według uznania podawać z bitą śmietaną. Ciesz się puddingiem z czerwonego aksamitu!

19. Tosty francuskie pieczone w kolorze czerwonego aksamitu

SKŁADNIKI:
- 1 bochenek chleba francuskiego, pokrojony w plasterki
- 4 jajka
- 1 szklanka mleka (lub innego bezmlecznego)
- 1/4 szklanki granulowanego cukru
- 1/4 szklanki kakao w proszku
- 1 łyżeczka ekstraktu waniliowego
- Czerwony barwnik spożywczy (wg uznania)
- Cukier puder do posypania (opcjonalnie)
- Syrop klonowy, do podania

INSTRUKCJE:
a) Rozgrzej piekarnik do 175°C (350°F). Nasmaruj naczynie do pieczenia.
b) Ułóż pokrojony chleb francuski w przygotowanym naczyniu do pieczenia.
c) W misce wymieszaj jajka, mleko, cukier, kakao w proszku i ekstrakt waniliowy, aż dobrze się połączą.
d) Dodawaj czerwony barwnik spożywczy aż do uzyskania pożądanego koloru, dobrze mieszając.
e) Wlać mieszaninę jajek na kromki chleba, upewniając się, że cały chleb jest równomiernie pokryty.
f) Przykryj naczynie do pieczenia folią i pozostaw w lodówce na co najmniej 30 minut lub na noc.
g) Gdy ciasto będzie już gotowe do pieczenia, zdejmij folię i piecz w nagrzanym piekarniku przez 25-30 minut lub do momentu, aż tost francuski będzie stwardniały i złocisty.
h) Po upieczeniu wyjąć z piekarnika i przed podaniem lekko ostudzić.
i) Posypać cukrem pudrem i podawać z syropem klonowym. Ciesz się francuskim tostem pieczonym w kolorze Czerwony aksamit!

20. Ciasto naleśnikowe z czerwonego aksamitu

SKŁADNIKI:

- 2 filiżanki mąki uniwersalnej
- 1/4 szklanki kakao w proszku
- 1/4 szklanki granulowanego cukru
- 2 łyżeczki proszku do pieczenia
- 1/2 łyżeczki sody oczyszczonej
- 1/2 łyżeczki soli
- 2 szklanki maślanki
- 2 jajka
- 1/4 szklanki niesolonego masła, roztopionego
- 1 łyżeczka ekstraktu waniliowego
- Czerwony barwnik spożywczy (wg uznania)
- 1/2 szklanki kawałków czekolady (opcjonalnie)

INSTRUKCJE:

a) Rozgrzej piekarnik do 175°C (350°F). Nasmaruj naczynie do pieczenia o wymiarach 9 x 13 cali.

b) W dużej misce wymieszaj mąkę uniwersalną, kakao w proszku, cukier granulowany, proszek do pieczenia, sodę oczyszczoną i sól. Dobrze wymieszaj.

c) W drugiej misce wymieszaj maślankę, jajka, roztopione niesolone masło, ekstrakt waniliowy i czerwony barwnik spożywczy, aż dobrze się połączą.

d) Wlać mokre składniki do suchych i wymieszać tylko do połączenia. Uważaj, aby nie przemieszać; kilka grudek jest w porządku. Jeśli chcesz, dodaj kawałki czekolady.

e) Ciasto wlać do przygotowanej formy do pieczenia i równomiernie rozprowadzić.

f) Piec w nagrzanym piekarniku przez 20-25 minut lub do momentu, aż wykałaczka wbita w środek będzie sucha.

g) Po upieczeniu wyjmij z piekarnika i pozostaw do ostygnięcia na kilka minut przed pokrojeniem i podaniem.

h) Podawaj na ciepło z ulubionymi dodatkami, takimi jak syrop klonowy, bita śmietana lub świeże jagody.

21. Scones z czerwonego aksamitu

SKŁADNIKI:

- 2 filiżanki mąki uniwersalnej
- 1/2 szklanki granulowanego cukru
- 1 łyżka kakao w proszku
- 1 łyżka proszku do pieczenia
- 1/2 łyżeczki soli
- 1/2 szklanki niesolonego masła, zimnego i pokrojonego w kostkę
- 1/2 szklanki maślanki
- 1 łyżka czerwonego barwnika spożywczego
- 1 łyżeczka ekstraktu waniliowego
- 1/2 szklanki kawałków białej czekolady

INSTRUKCJE:

a) Rozgrzej piekarnik do 200°C i wyłóż blachę do pieczenia papierem pergaminowym.
b) W dużej misce wymieszaj mąkę, cukier, kakao, proszek do pieczenia i sól.
c) Pokrój zimne masło za pomocą noża do ciasta lub widelca, aż mieszanina będzie przypominała grube okruchy.
d) W osobnej misce wymieszaj maślankę, czerwony barwnik spożywczy i ekstrakt waniliowy. Wlać mokre składniki do suchych i wymieszać tylko do połączenia.
e) Delikatnie wmieszać kawałki białej czekolady.
f) Ciasto wyłożyć na posypaną mąką stolnicę i delikatnie zagnieść kilka razy. Rozwałkuj ciasto na okrąg o grubości około 1 cala.
g) Pokrój okrąg na 8 klinów i przenieś je na przygotowaną blachę do pieczenia.
h) Piec przez 15-18 minut lub do momentu, aż bułeczki będą lekko złociste. Pozostawić do ostygnięcia na blasze do pieczenia na kilka minut, a następnie przenieść na kratkę do całkowitego wystygnięcia. Rozkoszuj się czerwonymi aksamitnymi bułeczkami z filiżanką herbaty lub kawy!

22.Ciasteczka śniadaniowe Czerwony aksamit

SKŁADNIKI:
- 1 1/2 szklanki mąki uniwersalnej
- 1/4 szklanki niesłodzonego kakao w proszku
- 1 łyżeczka proszku do pieczenia
- 1/4 łyżeczki sody oczyszczonej
- 1/4 łyżeczki soli
- 1/2 szklanki niesolonego masła, zmiękczonego
- 1/2 szklanki granulowanego cukru
- 1/2 szklanki brązowego cukru pudru
- 1 duże jajko
- 1 łyżeczka ekstraktu waniliowego
- 1 łyżka czerwonego barwnika spożywczego
- 1/2 szklanki kawałków białej czekolady

INSTRUKCJE:
a) Rozgrzej piekarnik do 175°C (350°F). Blachę do pieczenia wyłóż papierem pergaminowym.
b) W średniej misce wymieszaj mąkę uniwersalną, kakao w proszku, proszek do pieczenia, sodę oczyszczoną i sól. Odłożyć na bok.
c) W dużej misce wymieszaj miękkie, niesolone masło, cukier granulowany i brązowy cukier, aż masa będzie jasna i puszysta.
d) Ubij jajko, ekstrakt waniliowy i czerwony barwnik spożywczy, aż dobrze się połączą.
e) Stopniowo dodawaj suche składniki do mokrych i mieszaj, aż składniki się połączą.
f) Dodawaj kawałki białej czekolady tak, aby równomiernie rozłożyły się w cieście.
g) Za pomocą miarki lub łyżki do ciastek nakładać zaokrąglone łyżki ciasta na przygotowaną blachę do pieczenia, zachowując odstępy około 2 cali.
h) Delikatnie spłaszcz każdą kulkę ciasta wierzchem łyżki lub opuszkami palców.
i) Piec w nagrzanym piekarniku przez 10-12 minut lub do momentu, aż krawędzie się zetną, a środek będzie lekko miękki.
j) Wyjmij ciasteczka z piekarnika i pozostaw je na blasze do ostygnięcia na 5 minut, a następnie przenieś je na metalową kratkę, aby całkowicie ostygły.
k) Po ostygnięciu podawaj i ciesz się pysznymi ciasteczkami śniadaniowymi Czerwony aksamit!

23.Pączki z czerwonego aksamitu

SKŁADNIKI:
- 2 filiżanki mąki uniwersalnej
- 1/2 szklanki niesłodzonego kakao w proszku
- 1 1/2 łyżeczki proszku do pieczenia
- 1/2 łyżeczki sody oczyszczonej
- 1/2 łyżeczki soli
- 3/4 szklanki granulowanego cukru
- 2 duże jajka
- 1 łyżeczka ekstraktu waniliowego
- 1 łyżka czerwonego barwnika spożywczego
- 1 szklanka maślanki
- 1/4 szklanki niesolonego masła, roztopionego

DO SZKLIWIENIA:
- 1 1/2 szklanki cukru pudru
- 3-4 łyżki mleka
- 1/2 łyżeczki ekstraktu waniliowego

INSTRUKCJE:
a) Rozgrzej piekarnik do 175°C i natłuść formę do pieczenia pączków.
b) W misce wymieszaj mąkę, kakao, proszek do pieczenia, sodę oczyszczoną i sól.
c) W drugiej misce wymieszaj cukier, jajka, ekstrakt waniliowy i czerwony barwnik spożywczy, aż dobrze się połączą. Wymieszać z maślanką i roztopionym masłem.
d) Stopniowo dodawaj suche składniki do mokrej mieszanki, miksuj aż do połączenia.
e) Łyżką nałóż ciasto do przygotowanej formy na pączki, wypełniając każdą wnękę do około 2/3 wysokości.
f) Piec przez 10-12 minut lub do momentu, gdy wykałaczka wbita w środek będzie czysta. Pozwól pączkom ostygnąć na blasze przez kilka minut, a następnie przenieś je na metalową kratkę, aby całkowicie ostygły.
g) Aby przygotować lukier, wymieszaj cukier puder, mleko i ekstrakt waniliowy na gładką masę.
h) Zanurzaj ostudzone pączki w glazurze, a następnie odłóż je z powrotem na ruszt, aby stężały.

24. Pączki z ciasta Czerwony aksamit z polewą serową

SKŁADNIKI:
NA PĄCZKI:
- 1 1/4 szklanki mąki uniwersalnej
- 1/4 szklanki niesłodzonego kakao w proszku
- 1 łyżeczka proszku do pieczenia
- 1/2 łyżeczki sody oczyszczonej
- 1/4 łyżeczki soli
- 1/2 szklanki granulowanego cukru
- 1/2 szklanki maślanki
- 1 duże jajko
- 2 łyżki roztopionego, niesolonego masła
- 1 łyżeczka ekstraktu waniliowego
- 1 łyżka czerwonego barwnika spożywczego

DO SZKLIWIENIA:
- 4 uncje serka śmietankowego, zmiękczonego
- 1 szklanka cukru pudru
- 1-2 łyżki mleka
- 1/2 łyżeczki ekstraktu waniliowego

INSTRUKCJE:
a) Rozgrzej piekarnik do 175°C i natłuść formę do pieczenia pączków.
b) W dużej misce wymieszaj mąkę, kakao w proszku, proszek do pieczenia, sodę oczyszczoną, sól i cukier granulowany.
c) W drugiej misce wymieszaj maślankę, jajko, roztopione masło, ekstrakt waniliowy i czerwony barwnik spożywczy.
d) Wlać mokre składniki do suchych i wymieszać tylko do połączenia.
e) Łyżką nałóż ciasto do przygotowanej formy na pączki, wypełniając każdą wnękę do około 2/3 wysokości.
f) Piec przez 10-12 minut lub do momentu, gdy wykałaczka wbita w pączki będzie sucha.
g) Pozwól pączkom ostygnąć na blasze przez kilka minut, a następnie przenieś je na metalową kratkę, aby całkowicie ostygły.
h) Aby przygotować lukier, utrzyj serek śmietankowy, cukier puder, mleko i ekstrakt waniliowy na gładką masę.
i) Zanurzaj ostudzone pączki w glazurze, a następnie odłóż je z powrotem na ruszt, aby stężały.

25. Muffinki z czerwonego aksamitu z polewą kruszonką

SKŁADNIKI:
- 1 1/2 szklanki mąki uniwersalnej
- 1/2 szklanki granulowanego cukru
- 2 łyżki niesłodzonego kakao w proszku
- 1 łyżeczka proszku do pieczenia
- 1/2 łyżeczki sody oczyszczonej
- 1/4 łyżeczki soli
- 1 duże jajko
- 3/4 szklanki maślanki
- 1/3 szklanki oleju roślinnego
- 1 łyżeczka ekstraktu waniliowego
- 1 łyżka czerwonego barwnika spożywczego
- 1/2 szklanki posiekanych orzechów pekan lub orzechów włoskich (opcjonalnie)

DO KREMÓWKI:
- 1/4 szklanki mąki uniwersalnej
- 1/4 szklanki granulowanego cukru
- 2 łyżki niesolonego masła, zimnego

INSTRUKCJE:

a) Rozgrzej piekarnik do 190°C (375°F). Formę do muffinów wyłóż papierowymi papilotkami lub natłuść foremki.
b) W dużej misce wymieszaj mąkę, cukier, kakao, proszek do pieczenia, sodę oczyszczoną i sól.
c) W innej misce ubij jajko, maślankę, olej roślinny, ekstrakt waniliowy i czerwony barwnik spożywczy, aż dobrze się połączą.
d) Wlać mokre składniki do suchych i wymieszać tylko do połączenia. Jeśli używasz, dodaj posiekane orzechy.
e) Każdą foremkę na muffiny napełnij ciastem do około 2/3 wysokości.
f) W małej misce wymieszaj mąkę z cukrem i przygotuj polewę z kruszonką. Posiekaj zimne masło, aż mieszanina będzie przypominać grube okruchy.
g) Posyp kruszonką ciasto muffinowe w każdej filiżance.
h) Piec przez 18-20 minut lub do momentu, gdy wykałaczka wbita w środek będzie czysta.
i) Pozwól muffinom ostygnąć w formie na kilka minut, a następnie przenieś je na metalową kratkę, aby całkowicie ostygły.

26. Chleb bananowy z czerwonego aksamitu

SKŁADNIKI:

- 2 dojrzałe banany, rozgniecione
- 1/2 szklanki niesolonego masła, roztopionego
- 3/4 szklanki granulowanego cukru
- 1 duże jajko
- 1 łyżeczka ekstraktu waniliowego
- 1 1/2 szklanki mąki uniwersalnej
- 1/4 szklanki niesłodzonego kakao w proszku
- 1 łyżeczka sody oczyszczonej
- 1/4 łyżeczki soli
- 1/2 szklanki maślanki
- 1 łyżka czerwonego barwnika spożywczego
- 1/2 szklanki kawałków białej czekolady (opcjonalnie)

INSTRUKCJE:

a) Rozgrzej piekarnik do 175°C (350°F). Nasmaruj tłuszczem formę do pieczenia chleba o wymiarach 9 x 5 cali.
b) W dużej misce wymieszaj puree bananowe, roztopione masło, cukier, jajko i ekstrakt waniliowy.
c) W drugiej misce wymieszaj mąkę, kakao, sodę oczyszczoną i sól.
d) Stopniowo dodawaj suche składniki do mokrych, na zmianę z maślanką i mieszaj, aż składniki się połączą.
e) Mieszaj czerwony barwnik spożywczy, aż ciasto osiągnie pożądany odcień czerwieni.
f) Jeśli używasz, dodaj kawałki białej czekolady.
g) Ciasto wlać do przygotowanej formy i wygładzić wierzch szpatułką.
h) Piec przez 50-60 minut lub do momentu, gdy wykałaczka wbita w środek będzie czysta.
i) Pozostaw chleb do ostygnięcia w formie na 10 minut, a następnie przenieś go na metalową kratkę, aby całkowicie ostygł.

27. Czerwony aksamit Ciasta Herbaciane

SKŁADNIKI:

- ¼ szklanki masła
- 1 szklanka cukru
- 1 szklanka mleka
- 2 jajka
- 2 szklanki mąki
- 3 łyżeczki proszku do pieczenia
- 1 szczypta soli
- 3 krople czerwonego barwnika spożywczego
- 1¼ łyżeczki ekstraktu z cytryny

INSTRUKCJE:

a) Składniki kremu ze sobą połączyć.
b) Rozgrzej piekarnik do 375 stopni.
c) Piec w formie do babeczek przez 20 minut.

28. Naleśniki nadziewane czerwonym aksamitem

SKŁADNIKI:
NA CIASTO NA NALEŚNIKI:
- 1 ½ szklanki mąki uniwersalnej
- 2 łyżki niesłodzonego kakao w proszku
- 1 łyżeczka proszku do pieczenia
- ½ łyżeczki sody oczyszczonej
- ¼ łyżeczki soli
- 2 łyżki granulowanego cukru
- 1 szklanka maślanki
- ½ szklanki pełnego mleka
- 2 duże jajka
- 2 łyżki roztopionego, niesolonego masła
- 1 łyżeczka ekstraktu waniliowego
- Czerwony barwnik spożywczy (w razie potrzeby)

NA NADZIENIE SEROWE:
- 4 uncje serka śmietankowego, zmiękczonego
- ¼ szklanki cukru pudru
- ½ łyżeczki ekstraktu waniliowego

INSTRUKCJE:
PRZYGOTUJ CIASTO NA NALEŚNIKI:
a) W dużej misce przesiej mąkę, kakao w proszku, proszek do pieczenia, sodę oczyszczoną, sól i cukier granulowany.
b) W drugiej misce wymieszaj maślankę, mleko pełne, jajka, roztopione masło, ekstrakt waniliowy i czerwony barwnik spożywczy, aż dobrze się połączą.
c) Wlać mokre składniki do suchych i wymieszać tylko do połączenia. Uważaj, aby nie przemieszać. Ciasto powinno być gładkie i lekko gęste.

PRZYGOTOWAĆ NADZIENIE SEROWE:
d) W osobnej misce ubijaj miękki serek śmietankowy, cukier puder i ekstrakt waniliowy, aż masa będzie gładka i kremowa. Odłożyć na bok.

GOTOWANIE NALEŚNIKÓW:
e) Rozgrzej patelnię lub patelnię z powłoką nieprzywierającą na średnim ogniu i lekko nasmaruj masłem lub sprayem do gotowania.
f) Wlać około ¼ szklanki ciasta naleśnikowego na patelnię na każdy naleśnik.
g) Na środek każdego naleśnika nałóż porcję nadzienia serowego.
h) Przykryj nadzienie serowe odrobiną ciasta naleśnikowego, aby zamknąć je w środku.
i) Smaż, aż na powierzchni naleśników utworzą się bąbelki, a krawędzie zaczną się wiązać, następnie odwróć i smaż przez kolejne 1-2 minuty, aż z obu stron uzyskają złoty kolor.
j) Podawaj ciepłe naleśniki nadziewane Czerwony aksamit.
k) Opcjonalnie przed podaniem możesz udekorować bitą śmietaną, wiórkami czekoladowymi lub odrobiną syropu klonowego.

29. Muffinki Mochi ze świeżymi truskawkami

SKŁADNIKI:
- 2 jajka
- 1 szklanka dowolnego mleka
- ⅓ do ½ szklanki skondensowanego mleka
- Opcjonalnie dodaj łyżkę lub dwie granulowanego cukru dla dodatkowej słodyczy
- Kropla czerwonego żelu barwiącego żywność (opcjonalnie, dla uzyskania bardziej różowego poczęstunku)
- 1 łyżeczka miso lub duża szczypta soli
- 2 łyżki dowolnego neutralnego oleju lub roztopionego niesolonego masła
- Garść świeżych truskawek (plus 2 pokrojone w kostkę)
- 228 g mąki ryżowej kleistej (Mochiko)
- 1 łyżeczka proszku do pieczenia
- Odrobina ekstraktu waniliowego (opcjonalnie)

INSTRUKCJE:
a) Rozgrzej piekarnik do 350°F ze stojakiem pośrodku. Nasmaruj tłuszczem lub wyłóż papilotkami na 12 muffinek.
b) W blenderze wymieszaj wszystkie mokre składniki na dnie: jajka, mleko, mleko skondensowane, cukier (jeśli używasz), czerwony barwnik spożywczy w żelu (jeśli używasz), miso lub sól, roztopiony olej lub masło, świeże truskawki, pokrojone w kostkę truskawki, mąka z kleistego ryżu, proszek do pieczenia i ekstrakt waniliowy (jeśli używasz).
c) Mieszaj, aż uzyskasz gładkie, jednorodne, rzadkie, ale gęste ciasto.
d) Wlać ciasto do formy na muffiny i piec przez co najmniej 40 minut lub do momentu, aż wbita wykałaczka lub bambusowy szpikulec będzie sucha. Dopuszczalna jest niewielka ilość lepkiej pozostałości. Po około 15 minutach obniż temperaturę piekarnika, aby zapobiec pękaniu wierzchu.
e) Pozostaw muffinki na kilka minut w gorącej formie, a następnie całkowicie ostudź w temperaturze pokojowej na metalowej kratce.
f) Przed podaniem posyp cukrem pudrem, dodaj pokrojone w kostkę truskawki lub polej większą ilością skondensowanego mleka.
g) Podawaj i ciesz się.

30.Muffinki Czerwony aksamit Nutella Mochi

SKŁADNIKI:
- 1 szklanka mąki z kleistego ryżu (mochiko)
- ½ szklanki kakao w proszku
- ½ szklanki) cukru
- 1 łyżeczka proszku do pieczenia
- ¼ łyżeczki soli
- 2 duże jajka
- 1 szklanka maślanki
- ¼ szklanki niesolonego masła, roztopionego
- 1 łyżeczka ekstraktu waniliowego
- 2 łyżki czerwonego barwnika spożywczego
- Nutella do nadzienia

INSTRUKCJE:
a) Rozgrzej piekarnik do 175°C (350°F). Formę do muffinów lub wyłóż papierowymi papilotkami natłuść.
b) W dużej misce wymieszaj kleistą mąkę ryżową, kakao w proszku, cukier, proszek do pieczenia i sól.
c) W osobnej misce ubij jajka, dodaj maślankę, roztopione masło, ekstrakt waniliowy i czerwony barwnik spożywczy. Dobrze wymieszaj.
d) Stopniowo dodawaj mokre składniki do suchych, mieszaj tylko do połączenia.
e) Do każdej muffinkowej foremki nałóż niewielką ilość ciasta, tworząc cienką warstwę na dnie.
f) Dodaj małą porcję Nutelli na środek każdej filiżanki.
g) Przykryj Nutellę większą ilością ciasta, aż każda filiżanka będzie wypełniona w około ¾.
h) Piec w nagrzanym piekarniku przez 15-20 minut lub do momentu, aż wykałaczka wbita w środek będzie czysta.
i) Pozostaw muffinki do ostygnięcia w formie na 10 minut, a następnie przenieś na metalową kratkę, aby całkowicie ostygły.
j) Po ostygnięciu wgryź się w soczyste muffinki Czerwony aksamit Nutella Mochi i ciesz się zachwycającą fuzją smaków!

31.Truskawkowe Naleśniki Margarita

SKŁADNIKI:
- 2 szklanki mąki samorosnącej
- 1/2 szklanki granulowanego białego cukru
- 1/4 szklanki mleka
- 1/3 szklanki oleju roślinnego
- 3 jajka
- 2 łyżki czerwonego barwnika spożywczego
- 2 łyżki czystego ekstraktu z truskawek
- 1 łyżeczka ekstraktu waniliowego
- 1 szklanka srebrnej tequili
- 1 litr truskawek, opłukanych i pokrojonych w plasterki
- Bita śmietana, do dekoracji
- Różowa posypka cukrowa do dekoracji
- Skórka otarta z 1 limonki, do dekoracji
- Syrop limonkowy, przepis poniżej

SYROP LIMONKOWY:
- 6 łyżek soku z limonki
- 1 szklanka cukru pudru

INSTRUKCJE:
a) Wymieszaj mąkę i cukier.
b) Wlać olej, mleko i jajka. Dodać barwnik spożywczy oraz ekstrakty i dobrze wymieszać. Wmieszaj tequilę.
c) Rozgrzej patelnię do 300 stopni F. Upuść ciasto dużą łyżką na patelnię. Kiedy na wierzchu naleśników zaczną pojawiać się bąbelki, dodaj 1–2 plasterki truskawek na wierzch każdego naleśnika, a następnie odwróć.
d) Gotuj przez dodatkowe 30 sekund do 1 minuty, a następnie wyjmij i ułóż naleśniki truskawkową stroną do góry na woskowanym papierze, aby ostygły.
e) Ułóż je w ten sposób (do góry nogami!), aby wyeksponować świeże truskawki.
f) Udekoruj naleśniki bitą śmietaną, posypką z różowego cukru, skórką z limonki i syropem limonkowym.

SYROP LIMONKOWY:
g) Połącz cukier puder i sok z limonki w małym garnku.
h) Doprowadź do wrzenia na średnio-małym ogniu.
i) Po rozpuszczeniu zdjąć z ognia i ostudzić.

32. Pączki Godiva

SKŁADNIKI:
DLA CZERWONY AKSAMIT DONUTS:
- 1 Mąkę o wszechstronnym przeznaczeniu
- ¼ szklanki niesłodzonego kakao w proszku
- ½ łyżeczki proszku do pieczenia
- ¼ łyżeczki sody oczyszczonej
- ¼ łyżeczki soli
- ¼ szklanki niesolonego masła, miękkiego
- ½ szklanki granulowanego cukru
- 1 duże jajko
- 1 łyżeczka ekstraktu waniliowego
- ½ szklanki maślanki
- 1 łyżka czerwonego barwnika spożywczego

NA glazurę serową:
- 4 uncje serka śmietankowego, zmiękczonego
- 1 szklanka cukru pudru
- 2-3 łyżki mleka
- ½ łyżeczki ekstraktu waniliowego

DLA MĄŻKI CZEKOLADOWEJ GODIVA:
- 2 uncje gorzkiej czekolady Godiva, posiekanej

INSTRUKCJE:
a) Rozgrzej piekarnik do 175°C (350°F). Nasmaruj formę do pieczenia pączków sprayem kuchennym lub masłem.
b) W misce wymieszaj mąkę, kakao, proszek do pieczenia, sodę oczyszczoną i sól. Odłóż tę suchą mieszaninę na bok.
c) W drugiej misce utrzyj miękkie masło i granulowany cukier na jasną i puszystą masę.
d) Ubij jajko i ekstrakt waniliowy, aż dobrze się połączą.
e) Stopniowo dodawaj suche składniki do mokrych, na zmianę z maślanką w dwóch lub trzech porcjach. Zacznij i zakończ suchymi składnikami.
f) Mieszaj czerwony barwnik spożywczy, aż uzyskasz pożądany kolor.
g) Przełóż ciasto na pączki z czerwonego aksamitu do rękawa cukierniczego lub plastikowej torebki zapinanej na zamek z odciętym rogiem.
h) Wylej ciasto do przygotowanej formy na pączki, wypełniając każdą wnękę do około ⅔ jej objętości.
i) Piecz pączki w nagrzanym piekarniku przez 10-12 minut lub do momentu, aż wykałaczka wbita w pączek będzie sucha.
j) Pozostaw pączki do ostygnięcia na blaszce przez kilka minut, a następnie przenieś je na metalową kratkę, aby całkowicie ostygły.

PRZYGOTOWANIE LAKIERU SEROWEGO:
k) W misce miksującej ubić zmiękczony serek śmietankowy na gładką masę.
l) Stopniowo dodawaj cukier puder, mleko i ekstrakt waniliowy i mieszaj, aż lukier będzie gładki i kremowy.
m) Zanurz każdy schłodzony pączek w polewie z serka śmietankowego, pozwalając, aby nadmiar spłynął.

PRZYGOTUJ MŻKĘ CZEKOLADOWĄ GODIVA:
n) Rozpuść posiekaną ciemną czekoladę Godiva w kuchence mikrofalowej w 20-sekundowych odstępach, mieszając, aż masa będzie gładka.
o) Skropić roztopioną gorzką czekoladą Godiva pączki polewane serkiem śmietankowym.
p) Przed podaniem pączków Czerwony aksamit Godiva Donuts poczekaj, aż polewa i polewa czekoladowa zastygną.

PRZYSTAWKI I PRZEKĄSKI

33. Bomby z czerwonego aksamitu

SKŁADNIKI:
- 100 gramów gorzkiej czekolady, 90%
- 1 łyżeczka ekstraktu waniliowego, bez cukru
- ⅓ szklanki serka śmietankowego, miękkiego
- 3 łyżki stewii
- 4 krople czerwonego barwnika spożywczego
- ⅓ szklanki gęstej śmietanki konopnej, bitej

INSTRUKCJE:
a) Podgrzewaj czekoladę w kuchence mikrofalowej w dziesięciosekundowych odstępach w misce przeznaczonej do kuchenki mikrofalowej.
b) Oprócz bitej śmietany, w dużej misce wymieszaj wszystkie pozostałe składniki.
c) Upewnij się, że jest idealnie gładkie, mieszając je mikserem ręcznym.
d) Dodaj roztopioną czekoladę i kontynuuj mieszanie przez kolejne dwie minuty.
e) Napełnij rękaw do wyciskania mieszaniną do połowy, wyciśnij ją na przygotowaną blachę do pieczenia i włóż do lodówki na czterdzieści minut.
f) Przed podaniem na wierzch połóż porcję bitej śmietany.

34. Batony dyniowe z czerwonego aksamitu

SKŁADNIKI:

- Małe gotowane buraki, 2
- Mąka kokosowa, ¼ szklanki
- Organiczne masło z pestek dyni, 1 łyżka
- Mleko kokosowe, ¼ szklanki
- Serwatka waniliowa, ½ szklanki
- 85% gorzkiej czekolady, roztopionej

INSTRUKCJE:

a) Połącz wszystkie suche składniki oprócz czekolady.
b) Mleko wymieszać z suchymi składnikami i dobrze związać.
c) Uformuj średniej wielkości batony.
d) Rozpuść czekoladę w kuchence mikrofalowej i pozostaw do ostygnięcia na kilka sekund.
e) Teraz zanurz każdy batonik w roztopionej czekoladzie i dobrze ją pokryj.
f) Przechowywać w lodówce, aż czekolada stwardnieje i będzie twarda.
g) Cieszyć się.

35. Baton proteinowy Czerwony aksamit Fudge s

SKŁADNIKI:
- Puree z pieczonych buraków, 1 szklanka
- Pasta waniliowa, 1 łyżeczka
- Niesłodzone mleko sojowe, ½ szklanki
- Masło orzechowe, ½ szklanki
- Różowa sól himalajska, ⅛ łyżeczki
- Ekstrakt, 2 łyżeczki
- Surowa stewia, ¾ szklanki
- Mąka owsiana, ½ szklanki
- Odżywka białkowa, 1 szklanka

INSTRUKCJE:
a) Rozpuść masło w rondlu, dodaj mąkę owsianą, proszek białkowy, puree z buraków, wanilię, ekstrakt, sól i stewię. Mieszaj aż do połączenia.
b) Teraz dodaj mleko sojowe i mieszaj, aż dobrze się połączy.
c) Przenieść mieszaninę do miski i wstawić do lodówki na 25 minut.
d) Gdy mieszanina stwardnieje, pokrój ją na 6 batonów i ciesz się smakiem.

36. Karma dla szczeniąt Czerwony aksamit

SKŁADNIKI:
- 15,25 uncji mieszanki ciasta z czerwonego aksamitu
- 1 szklanka cukru pudru
- 12 uncji białej czekolady
- 8 uncji półsłodkiej czekolady
- 2 łyżki gęstej śmietanki, temperatura pokojowa
- 12 uncji płatków Chex
- 10 uncji M&M'sów
- ⅛ Posypka w kolorze filiżanki

INSTRUKCJE:
a) Rozgrzej piekarnik do 350°F.
b) Na blasze wyłożonej papierem do pieczenia rozprowadź masę ciasta z czerwonego aksamitu.
c) Piec w piekarniku przez 5-8 minut.
   Wyjąć z piekarnika i pozostawić do ostygnięcia.
d) Dodaj mieszankę ciasta i cukier puder do zamykanej torebki i wstrząśnij, aby dobrze wymieszać. Odłóż na bok.
e) W misce rozdrobnij czekoladę, a następnie podgrzewaj w kuchence mikrofalowej w odstępach 30-sekundowych, mieszając w międzyczasie, aż czekolada całkowicie się rozpuści.
f) Wymieszaj śmietanę.
g) Do innej dużej miski dodaj płatki Chex i posyp czekoladą.
h) Ostrożnie wymieszaj płatki zbożowe z czekoladą, aż pokryją się równomiernie, a następnie, pracując partiami, dodaj płatki zbożowe w czekoladzie do torebki z mieszanką ciasta i cukrem i wstrząśnij, aż całkowicie się pokryją.
i) Wyjmij kawałki płatków zbożowych na blachę wyłożoną papierem do pieczenia.
j) Powtórz tę czynność z pozostałymi płatkami, a następnie pozostaw kawałki do wyschnięcia na około godzinę.
k) Wymieszaj z M&Msami i posypką, przełóż do miski i podawaj.

37.Mieszanka imprezowa Czerwony aksamit

SKŁADNIKI:

- 6 filiżanek płatków czekoladowych
- ½ szklanki brązowego cukru pudru
- ⅓ szklanki masła
- 3 łyżki syropu kukurydzianego
- 1 kropla czerwonego barwnika spożywczego w żelu
- 1 szklanka mieszanki ciastek spożywczych
- ½ szklanki kremowego serka śmietankowego

INSTRUKCJE:

a) W dużej misce, którą można podgrzewać w kuchence mikrofalowej, umieść płatki; odłożyć na bok.
b) W średniej misce do gotowania w kuchence mikrofalowej brązowy cukier, masło, syrop kukurydziany, barwnik spożywczy i ciasto odkryte na poziomie Wysokim.
c) Natychmiast polej płatki zbożowe; rzucać, aż dobrze się pokryje.
d) Rozsmarować na woskowanym papierze. Schłodzić przez 5 minut.
e) W małej misce, którą można podgrzewać w kuchence mikrofalowej, umieść lukier; w kuchence mikrofalowej odkrytej na poziomie Wysokim na 20 sekund.
f) Skropić mieszanką zbożową. Przechowywać luźno przykryte.

38. Kuleczki z czerwonego aksamitu

SKŁADNIKI:
- Opakowanie 15,25 uncji mieszanki ciasta z czerwonego aksamitu
- 1 szklanka pełnego mleka
- ⅓ szklanki solonego masła, roztopionego
- 3 łyżeczki ekstraktu waniliowego, podzielone
- Smalec warzywny na patelnię
- Mąka uniwersalna, na patelnię
- Opakowanie 8 uncji. serek śmietankowy zmiękczony
- ½ szklanki solonego masła, miękkiego
- 4 szklanki cukru pudru
- 30 uncji białych topionych wafli
- Czerwona i biała posypka oraz cukry piaskowe

INSTRUKCJE:

a) Rozgrzej piekarnik do 350°F. Ubij mieszankę ciasta, mleko, roztopione masło i 1 łyżeczkę wanilii w misie wytrzymałego miksera stojącego wyposażonego w przystawkę do łopatek na niskiej prędkości, aż dobrze się wymieszają, około 1 minuty. Zwiększ prędkość do średniej i ubijaj przez 2 minuty. Wlać ciasto do natłuszczonej i posypanej mąką formy do pieczenia o wymiarach 13 x 9 cali.

b) Piec w nagrzanym piekarniku, aż drewniany wykałaczka włożona w środek wyjdzie czysta, od 24 do 28 minut. Studzimy na patelni na metalowej kratce przez 15 minut. Wyłóż ciasto na metalową kratkę i pozostaw do całkowitego ostygnięcia na około 2 godziny.

c) W międzyczasie ubijaj serek śmietankowy i miękkie masło za pomocą wytrzymałej przystawki do mieszania stojącego na średniej prędkości, aż uzyskasz kremową masę. Zmniejsz prędkość do niskiej i stopniowo dodawaj cukier puder i pozostałe 2 łyżeczki wanilii, ubijaj aż do połączenia. Zwiększ prędkość do średnio-wysokiej i ubijaj, aż będzie puszysta, od 1 do 2 minut.

d) Schłodzone ciasto pokruszyć do dużej miski. Wymieszaj 2 szklanki lukru z serka śmietankowego.

e) Rozwałkuj mieszaninę ciasta na 48 kulek o średnicy około 1 cala. Ułóż kulki na blasze do pieczenia i przykryj je plastikową folią. Schładzaj przez 8 godzin lub przez noc.

f) Rozpuść 1 opakowanie topiących się wafli w średniej wielkości misce nadającej się do kuchenki mikrofalowej, zgodnie z instrukcją na opakowaniu.
g) Używając widelca i pracując z 1 kulką ciasta na raz, zanurzaj kulkę w roztopionych waflach, pozwalając, aby nadmiar spłynął z powrotem do miski. Kulę ułożyć na blasze wyłożonej papierem do pieczenia i od razu posypać wybraną ilością posypki lub cukru pudru.
h) Powtórz tę czynność z pozostałymi 15 kulkami ciasta i roztopionymi waflami w misce, czyszcząc widelec pomiędzy każdym zanurzeniem.
i) Wytrzyj miskę do czysta i powtórz czynność jeszcze 2 razy z pozostałymi schłodzonymi kulkami ciasta i 2 opakowaniami topiących się wafli oraz wybraną ilością posypki. Schłodź, aż będzie gotowy do podania.

39. Filiżanki z czerwonego aksamitu

SKŁADNIKI:

- Spray do pieczenia
- Opakowanie 15,25 uncji mieszanki ciast Czerwony aksamit
- 1 szklanka niskotłuszczowej maślanki lub wody
- 3 jajka
- ½ szklanki oleju roślinnego
- 7 uncji mieszanki budyniowej instant o smaku waniliowym lub sernikowym
- 4 szklanki pełnego mleka
- Do podania bita polewa i wiórki czekoladowe

INSTRUKCJE:

a) Rozgrzej piekarnik do 350°F.
b) Spryskaj formę do galaretek sprayem do pieczenia.
c) Wymieszaj mieszankę ciasta, maślankę lub wodę, jajka i olej w dużej misce za pomocą miksera elektrycznego na niskiej prędkości, aż do zwilżenia, około 30 sekund.
d) Ubijaj na średniej prędkości przez 2 minuty. Wlać do patelni.
e) Piec przez 15 do 18 minut, aż wykałaczka wbita w środek będzie czysta.
f) Ochłodzić ciasto na patelni na metalowej kratce, aż całkowicie ostygnie.
g) Za pomocą ząbkowanego noża pokrój ciasto na 120 małych kwadratów.
h) Przygotuj budyń zgodnie z instrukcją na opakowaniu.
i) W szklance do serwowania ułóż 10 kostek ciasta i równomiernie rozłóż budyń.
j) Każdą filiżankę posypujemy bitą polewą i wiórkami czekoladowymi.

40. Kulka Sera Czerwonego Aksamitu

SKŁADNIKI:

- 8 uncji serka śmietankowego, temperatura pokojowa
- ½ szklanki niesolonego masła, temperatura pokojowa
- 15,25 uncji mieszanki na ciasto z czerwonego aksamitu, suchej
- ½ szklanki cukru pudru
- 2 łyżki brązowego cukru
- ½ szklanki mini chipsów czekoladowych
- Ciasteczka waniliowe/krakersy graham, do podania

INSTRUKCJE:

a) W misie miksera z nasadką łopatkową ubić serek śmietankowy i masło na gładką masę.
b) Dodać masę ciasteczkową, cukier puder i brązowy cukier. Mieszaj, aż dobrze się połączy.
c) Zeskrob mieszaninę na duży kawałek plastikowej folii. Użyj folii, aby uformować mieszaninę w kulę. Przechowywać w lodówce w plastikowym opakowaniu, aż będzie wystarczająco twarde, aby dało się je unieść, około 30 minut.
d) Na talerzu ułóż kawałki czekolady. Rozwiń kulkę serową i obtocz ją w kawałkach czekolady.
e) Podawać z ciasteczkami waniliowymi, krakersami graham itp.

41.Brownie z sernikiem Czerwony aksamit

SKŁADNIKI:

NA BROWNIE:
- 8 łyżek roztopionego, niesolonego masła
- 1 szklanka cukru
- ¼ szklanki niesłodzonego kakao w proszku
- ½ łyżeczki ekstraktu waniliowego
- 1 łyżka czerwonego barwnika spożywczego
- ⅛ łyżeczki soli
- ½ łyżeczki białego octu
- 2 duże jajka, lekko ubite
- ¾ szklanki mąki uniwersalnej

NA NADZIENIE SERNIKA:
- 8-uncjowe opakowanie zmiękczonego serka śmietankowego
- 3 łyżki cukru
- ½ łyżeczki ekstraktu waniliowego
- 1 duże żółtko

INSTRUKCJE:

PRZYGOTOWAĆ Ciasto Brownie:

a) Rozgrzej piekarnik do 350°F. Nasmaruj formę na mini muffinki sprayem do gotowania.

b) W dużej misce wymieszaj roztopione masło, cukier, kakao w proszku, ekstrakt waniliowy, barwnik spożywczy i sól, aż się połączą, a następnie dodaj biały ocet.

c) Dodaj jajka i mieszaj, aż się połączą. Wsyp mąkę tylko do połączenia. Odłóż mieszaninę brownie na bok.

PRZYGOTUJ NADZIENIE SERNIKA:

d) W misie miksera wyposażonego w przystawkę do łopatek ubić serek śmietankowy z cukrem, ekstraktem waniliowym i żółtkiem, aż się połączą. Przełóż masę sernikową do rękawa cukierniczego lub zamykanej plastikowej torebki i odetnij końcówkę.

e) Używając małej miarki do lodów, włóż około 1 łyżkę ciasta brownie do każdego dołka formy na mini muffinki. Wyciśnij około 1 łyżeczkę mieszanki sernikowej na ciasto brownie, a następnie na wierzch mieszaniny sernika dodaj dodatkową 1 łyżeczkę ciasta brownie. Za pomocą wykałaczki wymieszaj ciasto brownie z mieszaniną sernika.

f) Piecz kawałki brownie przez około 12 minut lub do momentu, aż masa sernikowa będzie całkowicie upieczona. Wyjmij kawałki brownie z piekarnika i

42. Krispies z ryżu z czerwonego aksamitu

SKŁADNIKI:
- 10,5 uncji mini pianek marshmallow
- 3 łyżki masła
- ½ łyżeczki
- ¾ szklanki mieszanki na ciasto z czerwonego aksamitu
- 6 szklanek chrupiących płatków ryżowych
- Opcjonalnie ½ łyżeczki czerwonego barwnika spożywczego

INSTRUKCJE:
a) W dużym garnku na średnim ogniu rozpuść masło i mini pianki marshmallow.
b) Gdy pianki marshmallow całkowicie się rozpuszczą, dodaj mieszankę waniliową i ciasto Czerwony aksamit. Jeśli uważasz, że powinien być bardziej czerwony, dodaj w tym momencie barwnik spożywczy.
c) Zdjąć z ognia i delikatnie wymieszać z krispie ryżowymi, aż będą równomiernie pokryte.
d) Gdy wszystko zostanie równomiernie połączone, podziel je pomiędzy tace z pianką.
e) Przykryj tace folią spożywczą i podawaj.

43. Chipsy Czerwony aksamit

SKŁADNIKI:
- 4 średnie buraki, opłukać i pokroić w cienkie plasterki
- 1 łyżeczka soli morskiej
- 2 łyżki oliwy z oliwek
- Hummus, do podania

INSTRUKCJE:
a) Rozgrzej frytkownicę powietrzną do 380°F.
b) W dużej misce wymieszaj buraki z solą morską i oliwą z oliwek, aż będą dobrze pokryte.
c) Włóż plasterki buraków do frytkownicy i rozłóż je w jednej warstwie.
d) Smaż przez 10 minut. Mieszamy, po czym smażymy kolejne 10 minut. Wymieszaj ponownie, a następnie smaż przez ostatnie 5 do 10 minut lub do momentu, aż frytki osiągną pożądaną chrupkość.
e) Podawać z ulubionym hummusem.

44. Ciasteczka marszczone z czerwonego aksamitu

SKŁADNIKI:

- 1 1/2 szklanki mąki uniwersalnej
- 1/4 szklanki niesłodzonego kakao w proszku
- 1 1/2 łyżeczki proszku do pieczenia
- 1/4 łyżeczki soli
- 1/2 szklanki niesolonego masła, zmiękczonego
- 1 szklanka granulowanego cukru
- 2 duże jajka
- 1 łyżeczka ekstraktu waniliowego
- 1 łyżka czerwonego barwnika spożywczego
- 1/2 szklanki cukru pudru do obtoczenia

INSTRUKCJE:

a) W misce wymieszaj mąkę, kakao, proszek do pieczenia i sól. Odłożyć na bok.

b) W drugiej misce utrzyj masło z cukrem na jasną i puszystą masę. Dodawaj jajka, jedno po drugim, dobrze ubijając po każdym dodaniu. Wymieszaj ekstrakt waniliowy i czerwony barwnik spożywczy.

c) Stopniowo dodawaj suche składniki do mokrej mieszanki, miksuj aż do połączenia.

d) Ciasto przykryć i schłodzić w lodówce co najmniej 1 godzinę.

e) Rozgrzej piekarnik do 175°C i wyłóż blachy do pieczenia papierem pergaminowym.

f) Z ciasta uformuj kulki o średnicy 1 cm, a następnie obtocz każdą kulkę w cukrze pudrze, aby ją pokryć.

g) Ułóż powlekane kulki na przygotowanych blachach do pieczenia, zachowując odstępy około 2 cali.

h) Piec przez 10-12 minut lub do momentu, aż krawędzie się zetną. Pozostawić do ostygnięcia na blasze do pieczenia na kilka minut, a następnie przenieść na kratkę do całkowitego wystygnięcia.

45. Sernik Czerwony aksamit Sernik Wirowe Blondies

SKŁADNIKI:

- 1/2 szklanki niesolonego masła, roztopionego
- 1 szklanka granulowanego cukru
- 2 duże jajka
- 1 łyżeczka ekstraktu waniliowego
- 1 łyżka czerwonego barwnika spożywczego
- 1 Mąkę o wszechstronnym przeznaczeniu
- 1/4 łyżeczki soli
- 8 uncji serka śmietankowego, zmiękczonego
- 1/4 szklanki granulowanego cukru
- 1 duże żółtko

INSTRUKCJE:

a) Rozgrzej piekarnik do 175°C i natłuść formę do pieczenia o wymiarach 9 x 9 cali.

b) W dużej misce wymieszaj roztopione masło i cukier. Wbijaj po jednym jajku, następnie dodaj ekstrakt waniliowy i czerwony barwnik spożywczy.

c) Stopniowo dodawaj mąkę i sól, aż składniki się połączą.

d) W osobnej misce utrzyj serek śmietankowy, cukier i żółtko na gładką masę.

e) Rozłóż ciasto blondie na przygotowanej blaszce do pieczenia. Nałóż łyżką mieszankę serka śmietankowego na ciasto i wymieszaj nożem.

f) Piec przez 25-30 minut lub do momentu, gdy wykałaczka wbita w środek będzie czysta. Pozostawić do ostygnięcia przed pokrojeniem na kwadraty.

46.Czerwone aksamitne ciasteczka Whoopie

SKŁADNIKI:
- 2 filiżanki mąki uniwersalnej
- 2 łyżki kakao w proszku
- 1 łyżeczka proszku do pieczenia
- 1/2 łyżeczki sody oczyszczonej
- 1/2 łyżeczki soli
- 1/2 szklanki niesolonego masła, zmiękczonego
- 1 szklanka granulowanego cukru
- 2 duże jajka
- 1 łyżeczka ekstraktu waniliowego
- 1 łyżka czerwonego barwnika spożywczego
- 1/2 szklanki maślanki

NA NADZIENIE SEROWE:
- 8 uncji serka śmietankowego, zmiękczonego
- 1/4 szklanki niesolonego masła, zmiękczonego
- 2 szklanki cukru pudru
- 1 łyżeczka ekstraktu waniliowego

INSTRUKCJE:

a) Rozgrzej piekarnik do 175°C i wyłóż blachy do pieczenia papierem pergaminowym.
b) W misce wymieszaj mąkę, kakao, proszek do pieczenia, sodę oczyszczoną i sól.
c) W drugiej misce utrzyj masło z cukrem na jasną i puszystą masę. Dodawaj jajka, jedno po drugim, dobrze ubijając po każdym dodaniu. Wymieszaj ekstrakt waniliowy i czerwony barwnik spożywczy.
d) Stopniowo dodawaj suche składniki do mokrej mieszanki, na zmianę z maślanką, zaczynając i kończąc na suchych składnikach.
e) Na przygotowane blachy do pieczenia nakładaj łyżki ciasta, zachowując odstępy około 2 cali.
f) Piec przez 10-12 minut lub do momentu, aż krawędzie się zetną. Pozostawić do ostygnięcia na blasze do pieczenia na kilka minut, a następnie przenieść na kratkę do całkowitego wystygnięcia.
g) Aby przygotować nadzienie z serka śmietankowego, utrzyj serek śmietankowy, masło, cukier puder i ekstrakt waniliowy na gładką masę.
h) Rozsmaruj nadzienie serowe na płaskiej stronie połowy ciasteczek, a następnie przykryj kolejnym ciasteczkiem i uformuj kanapki.

47.Brownie z czerwonego aksamitu

SKŁADNIKI:

- 1/2 szklanki niesolonego masła
- 1 szklanka granulowanego cukru
- 2 duże jajka
- 1 łyżeczka ekstraktu waniliowego
- 1 1/2 szklanki mąki uniwersalnej
- 1/4 szklanki kakao w proszku
- 1/2 łyżeczki soli
- 1 łyżka czerwonego barwnika spożywczego
- 1/2 szklanki kawałków czekolady

INSTRUKCJE:

a) Rozgrzej piekarnik do 175°C i natłuść formę do pieczenia o wymiarach 9 x 9 cali.
b) W misce nadającej się do kuchenki mikrofalowej rozpuść masło. Mieszaj cukier, aż dobrze się połączy.
c) Wbijaj jajka, jedno po drugim, następnie dodaj ekstrakt waniliowy i czerwony barwnik spożywczy.
d) W osobnej misce wymieszaj mąkę, kakao i sól. Stopniowo dodawaj suche składniki do mokrej mieszanki, miksuj aż do połączenia.
e) Dodać kawałki czekolady, a następnie wlać ciasto do przygotowanej formy do pieczenia.
f) Za pomocą wykałaczki lub noża obracaj ciasto, aby uzyskać efekt marmurku.
g) Piec przez 25-30 minut lub do momentu, gdy wykałaczka wbita w środek będzie czysta. Pozostawić do ostygnięcia przed pokrojeniem na kwadraty.

48. Batony z czerwonymi aksamitnymi ciasteczkami

SKŁADNIKI:

- 1/2 szklanki niesolonego masła, roztopionego
- 1 szklanka granulowanego cukru
- 2 duże jajka
- 1 łyżeczka ekstraktu waniliowego
- 1 1/2 szklanki mąki uniwersalnej
- 2 łyżki kakao w proszku
- 1/2 łyżeczki soli
- 1 łyżka czerwonego barwnika spożywczego
- 1 szklanka kawałków czekolady

INSTRUKCJE:

a) Rozgrzej piekarnik do 175°C i natłuść formę do pieczenia o wymiarach 9 x 13 cali.
b) W dużej misce wymieszaj roztopione masło i cukier. Wbijaj po jednym jajku, następnie dodaj ekstrakt waniliowy i czerwony barwnik spożywczy.
c) W osobnej misce wymieszaj mąkę, kakao i sól. Stopniowo dodawaj suche składniki do mokrej mieszanki, miksuj aż do połączenia.
d) Dodać kawałki czekolady, a następnie równomiernie rozprowadzić ciasto w przygotowanej formie do pieczenia.
e) Piec przez 20-25 minut lub do momentu, gdy wykałaczka wbita w środek będzie czysta. Pozostawić do ostygnięcia przed pokrojeniem na batony.

49. Ciasteczka nadziewane serkiem Czerwony aksamit

SKŁADNIKI:

- 1/2 szklanki niesolonego masła, zmiękczonego
- 1/2 szklanki granulowanego cukru
- 1/2 szklanki brązowego cukru
- 1 duże jajko
- 1 łyżeczka ekstraktu waniliowego
- 1 łyżka czerwonego barwnika spożywczego
- 1 3/4 szklanki mąki uniwersalnej
- 1/4 szklanki kakao w proszku
- 1/2 łyżeczki sody oczyszczonej
- 1/4 łyżeczki soli
- 4 uncje serka śmietankowego, zmiękczonego
- 1/2 szklanki cukru pudru
- 1/2 łyżeczki ekstraktu waniliowego

INSTRUKCJE:

a) Rozgrzej piekarnik do 175°C i wyłóż blachy do pieczenia papierem pergaminowym.
b) W dużej misce utrzyj masło, cukier granulowany i brązowy cukier na jasną i puszystą masę. Ubij jajko, ekstrakt waniliowy i czerwony barwnik spożywczy.
c) W osobnej misce wymieszaj mąkę, kakao, sodę oczyszczoną i sól. Stopniowo dodawaj suche składniki do mokrej mieszanki, miksuj aż do połączenia.
d) W drugiej misce ubić serek śmietankowy, cukier puder i ekstrakt waniliowy na gładką masę.
e) Nabieraj łyżką ciasta na ciasteczka i spłaszczaj je na krążki. Na połowę krążków nałóż małą łyżkę nadzienia z serka śmietankowego, a następnie przykryj je pozostałymi krążkami, tworząc kanapki.
f) Zlep brzegi ciastek, następnie delikatnie zwiń je w kulki i ułóż na przygotowanej blasze.
g) Piec przez 10-12 minut lub do momentu, aż krawędzie się zetną. Pozostawić do ostygnięcia na blasze do pieczenia na kilka minut, a następnie przenieść na kratkę do całkowitego wystygnięcia. Ciesz się nadziewanymi ciasteczkami!

50.Cukierki z czerwonego aksamitu

SKŁADNIKI:
- 1 filiżanka Masło
- ⅓ szklanki Cukier cukierników
- ¾ szklanki Skrobia kukurydziana
- 1¼ szklanki Przesiana mąka uniwersalna
- ½ szklanki Orzechy pekan, drobno posiekane

LUK BON BON :
- 1 łyżeczka Masło
- 2 łyżki stołowe Lemoniada
- 1 Czerwony barwnik spożywczy

INSTRUKCJE:
a) Masło utrzeć z cukrem na bardzo jasną i puszystą masę.
b) Dodać skrobię kukurydzianą i mąkę, dobrze wymieszać. Przechowywać w lodówce, aż będzie łatwy w obsłudze.
c) Nagrzej piekarnik do 350 stopni. Uformuj ciasto w 1-calowe kulki.
d) Ułóż kulki na orzechach pekan i rozsyp na woskowanym papierze.
e) Wyrównać dnem szklanki zanurzonej w mące.
f) Za pomocą szpatułki ułóż ciasteczka na nienatłuszczonej blaszce, orzechami do góry.
g) Piec 15 minut. Fajny.
h) Mróz z lukrem Bon Bon.

LUK BON BON :
i) Zmiksuj masło, barwnik spożywczy i ade cytrynową na gładką masę.
j) Na wierzch każdego ciasteczka nałóż lukier.

51. Rozpinane elementy z czerwonego aksamitu

SKŁADNIKI:
- Bułki obiadowe, rozmrożone
- Tarta skórka z 2 cytryn
- ¼ szklanki Masło
- ½ szklanki Cukier

GLAZA CYTRUSOWA:
- 1 filiżanka Cukier puder
- 1 łyżka stołowa Masło, stopione
- 2 łyżki stołowe Świeży sok z cytryny
- 3 krople czerwonego barwnika spożywczego

INSTRUKCJE:
a) Rozmrożone bułki przekrój na pół i włóż do natłuszczonej formy głęboka patelnia do pizzy.
b) Rozpuść masło i polej nim bułeczki.
c) Wymieszaj startą skórkę z cytryny z cukrem i posyp bułki.
d) Przykryj plastikową folią spryskaną nieprzywierającym sprayem do gotowania.
e) Odstawiamy do wyrośnięcia, aż podwoi swoją objętość. Zdejmij folię i piecz w temperaturze 350° przez około 25 minut.

GLAZA CYTRUSOWA:
f) Połącz składniki glazury i mieszaj, aż masa będzie gładka.
g) Gorące bułki pokrywaj glazurą.

52.Kora czerwonego aksamitu

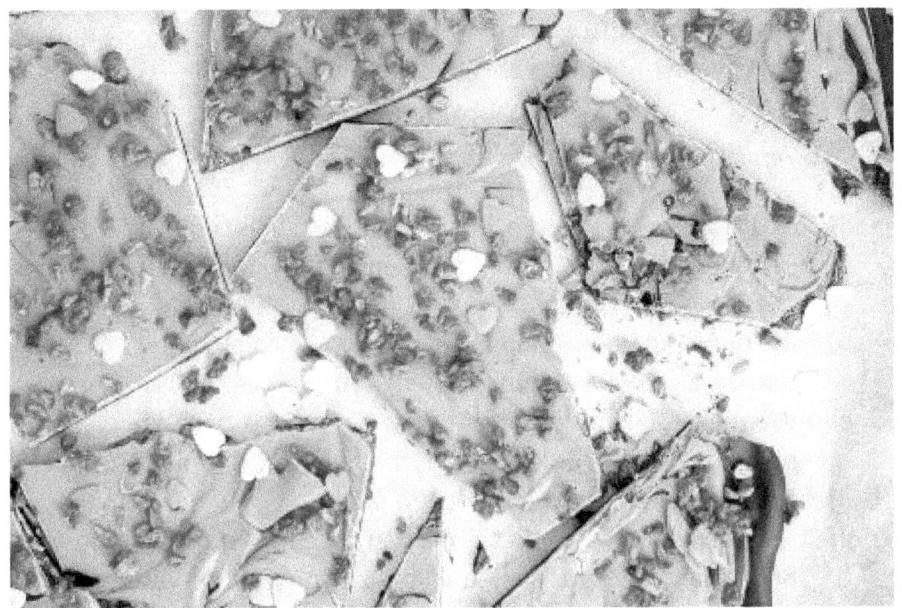

SKŁADNIKI:

- 11 uncji kawałków białej czekolady
- 1 łyżka ekstraktu z cytryny
- 4 krople czerwonego barwnika spożywczego
- ½ łyżeczka kwasu cytrynowego lub do smaku
- 0,5 uncji liofilizowanych truskawek

INSTRUKCJE:

a) Przygotuj blachę do pieczenia, wykładając ją papierem pergaminowym.
b) Rozpuść kawałki białej czekolady w kuchence mikrofalowej, mieszając co 30 sekund pomiędzy rundami.
c) Wymieszaj ekstrakt cytrynowy i barwnik spożywczy z roztopioną białą czekoladą i dokładnie wymieszaj, aby je połączyć.
d) Dodaj kwasek cytrynowy do smaku.
e) Na blasze do pieczenia cienką warstwą rozsmaruj białą czekoladę.
f) Białą czekoladę posypujemy liofilizowanymi truskawkami.
g) Delikatnie wbij duże kawałki truskawek w czekoladę.
h) Wstawić do lodówki na godzinę, aby czekolada stwardniała. Podziel na kawałki i podawaj.

53.Batony Czerwony aksamit i jagody Açaí Maqui

SKŁADNIKI:
DO SKORUPY
- ¾ szklanki niesłodzonych płatków kokosowych
- ¼ szklanki mąki migdałowej
- 4 pestki daktyli Medjool
- 2 łyżki oleju kokosowego
- ¼ łyżeczki soli koszernej

DO WYPEŁNIENIA
- 2 szklanki namoczonych surowych orzechów nerkowca
- ½ szklanki pełnotłustego mleka kokosowego z puszki
- ¼ szklanki oleju kokosowego, roztopionego i ostudzonego
- ⅓ szklanki czystego syropu klonowego
- ¼ szklanki różowego koncentratu lemoniady
- ¼ szklanki mieszanki jagód Açaí Maqui
- Borówki do dekoracji

INSTRUKCJE:
a) Formę o wymiarach 8x8 cali wyłóż papierem pergaminowym i posmaruj olejem kokosowym. Odłożyć na bok.
b) Do robota kuchennego dodaj wiórki kokosowe, mąkę migdałową, daktyle, olej kokosowy i sól.
c) Rozdrobnij, aż połączy się w coś w rodzaju lepkiego ciasta.
d) Ciasto daktylowe równomiernie rozłóż na dnie przygotowanej formy.
e) W tym samym robocie kuchennym połącz wszystkie składniki nadzienia i zmiksuj na gładką masę.
f) Nadzienie wlewamy do przygotowanej formy, na którą wykładamy ciasto.
g) Wygładź wierzch i mocno uderz patelnią o blat, aby uwolnić pęcherzyki powietrza.
h) Umieścić na płaskiej powierzchni w zamrażarce, aby stwardniało przez co najmniej 3 godziny przed pokrojeniem.
i) Pozwól im rozmrażać się w temperaturze pokojowej przez 10-15 minut.

54.Krispies z ryżu z czerwonego aksamitu

SKŁADNIKI:

- 10,5 uncji mini pianek marshmallow
- 3 łyżki masła
- ½ łyżeczki
- ¾ szklanki mieszanki na ciasto z czerwonego aksamitu
- 6 szklanek chrupiących płatków ryżowych
- Opcjonalnie ½ łyżeczki czerwonego barwnika spożywczego

INSTRUKCJE:

a) W dużym garnku na średnim ogniu rozpuść masło i mini pianki marshmallow.
b) Gdy pianki marshmallow całkowicie się rozpuszczą, dodaj mieszankę waniliową i ciasto Czerwony aksamit. Jeśli uważasz, że powinien być bardziej czerwony, dodaj w tym momencie barwnik spożywczy.
c) Zdjąć z ognia i delikatnie wymieszać z ryżowymi krispiesami, aż pokryją się równomiernie.
d) Gdy wszystko zostanie równomiernie połączone, podziel je pomiędzy tace z pianką.
e) Przykryj tace folią spożywczą i podawaj.

55.Madeleines z dżemem i kokosem

SKŁADNIKI:
MADELEINES:
- 100 g masła, grubo posiekanego
- 1 jajko
- 1 łyżeczka ekstraktu waniliowego
- ¼ szklanki cukru pudru
- ¼ szklanki drobno suszonego kokosa
- ½ szklanki zwykłej mąki
- ½ łyżeczki proszku do pieczenia
- 100 g dżemu truskawkowego

RÓŻOWY LUK:
- 2 szklanki cukru pudru, przesianego
- 1 łyżka mleka
- 3 krople czerwonego barwnika spożywczego
- 2 łyżeczki ekstraktu z ziaren wanilii

KRUSZKA KOKOSOWA:
- ½ szklanki drobno suszonego kokosa
- ½ szklanki pokruszonych herbatników słodowo-mlecznych
- 50 g białej czekolady (opcjonalnie)

INSTRUKCJE:

a) Rozgrzej piekarnik do 180°C (160°C z termoobiegiem). Lekko natłuść formę do magdalenki z 12 otworami i delikatnie posyp ją mąką. Wytrząsnąć nadmiar mąki.

b) Rozpuść 100 g masła w małym rondlu na średnim ogniu przez 2-3 minuty, aż lekko się zrumieni. Ochłodzić roztopione masło.

c) W misce miksującej ubijaj jajko, ekstrakt waniliowy, cukier puder i wiórki kokosowe przez 3 minuty, aż masa będzie jasna i kremowa.

d) Przesiej mąkę zwykłą i proszek do pieczenia. Delikatnie wmieszać mąkę do masy jajecznej. Dodać roztopione masło i wymieszać do połączenia.

e) Łyżką nałóż ciasto do puszek z magdaleną, wypełniając każdą tylko do połowy. Nałóż ¼ łyżeczki dżemu truskawkowego na środek każdej magdalenki, a następnie przykryj niewielką ilością ciasta.

f) Piec przez 9 minut lub do momentu, gdy magdalenki będą lekko złociste i miękkie. Pozostawiamy je w formie na 2 minuty, a następnie przekładamy na metalową kratkę, aby całkowicie ostygły.

g) Aby przygotować różowy lukier, połącz w średniej misce przesiany cukier puder, mleko, czerwony barwnik spożywczy i ekstrakt z ziaren wanilii. Mieszaj, aż powstanie lekko gęsta pasta i odłóż ją na bok.

h) Aby przygotować okruchy kokosa, użyj robota kuchennego, aby zmiksować ciasteczka słodowo-mleczne na okruchy. Dodać wiórki kokosowe (i opcjonalnie białą czekoladę) i miksować przez kolejne 20 sekund.

i) Posmaruj różową polewą każdą magdalenę i posyp wiórkami kokosowymi z jednej strony lub na całej powierzchni, w zależności od preferencji, aby uzyskać większą chrupkość.

j) Ciesz się tymi pięknymi i pysznymi Madeleines z dżemem i kokosem jako wspaniałą ucztą na podwieczorek lub na inną specjalną okazję!

DESER

56.Ciasteczka Czerwony aksamit nadziewane serem śmietankowym

SKŁADNIKI:

Nadzienie serowe:
- 1 opakowanie (8 uncji/227 g) serka śmietankowego, miękkiego
- 2/3 szklanki (75 g) cukru pudru
- 2 łyżki (15 g) niebielonej mąki uniwersalnej King Arthur lub bezglutenowej mąki King Arthur Miarka do odmierzania mąki
- 1/2 łyżeczki czystego ekstraktu waniliowego Króla Artura
- 1/8 łyżeczki soli kuchennej

CIASTO:
- 2 szklanki (240 g) niebielonej mąki uniwersalnej King Arthur lub bezglutenowej miarki King Arthur
- 1/3 szklanki (28 g) potrójnej mieszanki kakaowej King Arthur
- 1 1/2 łyżeczki proszku do pieczenia
- 1/2 łyżeczki soli kuchennej
- 1 1/3 szklanki (266 g) granulowanego cukru
- 8 łyżek (113 g) niesolonego masła, miękkiego
- 2 duże jajka w temperaturze pokojowej
- 1 łyżeczka czystego ekstraktu waniliowego Króla Artura
- 1 łyżeczka żelowego czerwonego barwnika spożywczego

MONTAŻ:
- 1/2 szklanki (99 g) granulowanego cukru
- 1/2 szklanki (57 g) cukru pudru

INSTRUKCJE:

a) Rozgrzej piekarnik do 350°F i wyłóż blachę do pieczenia pergaminem.

Nadzienie serowe:

b) W dużej misce lub misie miksera stacjonarnego połącz wszystkie składniki nadzienia i mieszaj na gładką masę przez około 2 minuty.

CIASTO:

c) W średniej misce przesiej mąkę, kakao, proszek do pieczenia i sól. Odłożyć na bok.

d) W dużej misce lub mikserze utrzyj granulowany cukier i masło, aż będzie puszyste.

e) Dodawaj jajka, jedno po drugim, dobrze ubijając pomiędzy dodaniami. Dodać wanilię i barwnik spożywczy, ubijać do połączenia.
f) Dodaj suche składniki i ubijaj, aż nie pozostaną żadne suche składniki. Ciasto przechowuj w lodówce przez co najmniej 30 minut lub maksymalnie 1 dzień wcześniej.

MONTAŻ I PIEC:
g) Rozgrzej piekarnik do 350°F z rusztem pośrodku i wyłóż blachę do pieczenia pergaminem.
h) Pozostały cukier granulowany i cukier puder umieścić w oddzielnych miskach.
i) Zaokrągloną łyżką do ciasteczek typu jumbo nałóż na blachę do pieczenia 16 kopców (około 47 g każdy) ciasta na ciasteczka.
j) Weź jedną porcję, naciśnij wgłębienie na środku, ułóż zamrożony kopczyk nadzienia, zaciśnij ciasto wokół nadzienia i zwiń je w kulkę. Powtórz z 7 kolejnymi porcjami.
k) Obtocz wypełnione kulki ciasta w granulowanym cukrze, a następnie cukrze cukierniczym, aby je pokryć.
l) Piec przez 16 do 18 minut lub do momentu, aż całe ciasto będzie popękane i suche na brzegach. Pozostawić do ostygnięcia na blasze do pieczenia, aż zastygnie, a następnie przenieść na kratkę do całkowitego wystygnięcia.
m) Podczas gdy pierwsza partia się piecze, napełnij i posmaruj pozostałe ciasteczka.
n) Podawać w temperaturze pokojowej.
o) Informacje dotyczące przechowywania:
p) Resztki ciasteczek przechowuj w szczelnym pojemniku w temperaturze pokojowej do 2 dni.

57. Kluski Z Rabarbarem

SKŁADNIKI:
NA SOS:
- 1 ½ szklanki cukru
- 1 ½ szklanki wody
- 1 szklanka mąki
- ⅓ szklanki masła
- ¼ łyżeczki cynamonu
- 1 łyżeczka wanilii
- ¼ łyżeczki soli
- 1 odrobina czerwonego barwnika spożywczego

NA CIASTO:
- 2 szklanki mąki
- ¼ łyżeczki soli
- 2 łyżki cukru
- 2 ½ łyżki zimnego masła
- 2 łyżeczki proszku do pieczenia
- ½ szklanki mleka (może potrzebować do ¾ szklanki)
- 2 łyżki masła, zmiękczone

DO WYPEŁNIENIA:
- ½ szklanki) cukru
- 2 szklanki drobno posiekanego rabarbaru
- Cynamon (do posypania)

INSTRUKCJE:
NA SOS:
a) Rozgrzej piekarnik do 175°C (350°F).
b) W małym rondlu wymieszaj cukier, mąkę, cynamon i sól.
c) Stopniowo dodawaj wodę i dodawaj masło.
d) Doprowadzić do wrzenia na dużym ogniu i gotować przez 1 minutę.
e) Dodaj wanilię i, jeśli to konieczne, odrobinę czerwonego barwnika spożywczego, aby nadać mu ciemnoróżowy odcień.
f) Niech sos ostygnie.

NA CIASTO:
g) W średniej misce lub robocie kuchennym wymieszaj mąkę, cukier, proszek do pieczenia i sól.
h) Pokrój lub dodaj zimne masło, aż mieszanina będzie przypominać małe przekąski kukurydziane.
i) Dodać mleko i szybko wymieszać.
j) Rozwałkuj ciasto na posypanej mąką powierzchni na prostokąt o wymiarach 12 x 10 cali.
k) Ciasto posmaruj miękkim masłem, na wierzchu ułóż posiekany rabarbar.
l) Posyp rabarbar cukrem i obficie posyp cynamonem.
m) Ciasto zwiń wzdłuż dłuższego boku i połóż na desce do krojenia, łączeniem do dołu.
n) Roladę pokroić na 12 plasterków.
o) Ułóż plastry przeciętą stroną do góry w naoliwionym płaskim, szklanym naczyniu do pieczenia o pojemności 3 litrów.
p) Na wierzch wylewamy schłodzony sos.
q) Piec przez 35 minut lub do momentu, aż kluski będą puszyste i złocistobrązowe.
r) W razie potrzeby podawaj ze śmietaną.
s) Zapraszamy na pyszne pierogi z rabarbarem!

58.Ciasto Czerwony aksamit Tres Leches

SKŁADNIKI:
CIASTO:
- 1 opakowanie mieszanki na ciasto Devil's Food
- 1 szklanka wody
- 1 łyżka oleju roślinnego
- 4 jajka
- 2 łyżeczki wanilii
- 1 butelka (1 uncja) czerwonego barwnika spożywczego (około 2 łyżek stołowych)

MIESZANKA TRES LECHES:
- 1 puszka (14 uncji) słodzonego skondensowanego mleka (nie odparowanego)
- 1 szklanka irlandzkiego likieru śmietankowego
- ½ szklanki gęstej śmietany do ubijania

BYCZY:
- 1 ½ szklanki ciężkiej śmietany do ubijania
- 3 łyżki cukru pudru
- ½ łyżeczki wanilii

GARNIRUNEK:
- ¼ szklanki posiekanej ciemnej czekolady do pieczenia

INSTRUKCJE:

a) Rozgrzej piekarnik zgodnie z instrukcją dotyczącą ciasta. Nasmaruj tłuszczem i mąką formę do pieczenia o wymiarach 13 x 9 cali.
b) W dużej misce wymieszaj masę ciasta, wodę, olej roślinny, jajka, wanilię i czerwony barwnik spożywczy. Mieszaj, aż dobrze się połączą.
c) Ciasto wlać do przygotowanej formy do pieczenia i piec zgodnie z instrukcją na opakowaniu. Po upieczeniu ciasto należy lekko ostudzić.
d) W misce wymieszaj słodzone mleko skondensowane, irlandzki likier śmietankowy i ciężką śmietankę do ubijania, aby uzyskać mieszankę Tres leches.
e) Gdy ciasto jest jeszcze ciepłe, nakłuj w nim dziurki widelcem lub wykałaczką. Powoli wlewaj mieszankę Tres Leches na ciasto, pozwalając jej przeniknąć do otworów. Ciasto przechowuj w lodówce przez co najmniej 2 godziny lub do momentu, aż dobrze się schłodzi.
f) W drugiej misce ubij śmietanę, cukier puder i wanilię, aż masa będzie sztywna. Bitą śmietaną smarujemy schłodzone ciasto.
g) Udekoruj ciasto wyciętą tabliczką z ciemnej czekolady.
h) Pokrój i podawaj to wspaniałe ciasto Czerwony aksamit Tres Leches, aby cieszyć się bogatym i dekadenckim smakiem!

59. Rolada z ciasta cukierkowego

SKŁADNIKI:
NA CIASTO:
- 1 Mąkę o wszechstronnym przeznaczeniu
- 1 łyżeczka kremu tarterowego
- ½ łyżeczki proszku do pieczenia
- 1 szklanka granulowanego cukru
- 3 duże jajka
- ⅓ szklanki wody
- ½ łyżeczki czerwonego barwnika spożywczego
- ¼ szklanki cukru pudru do posypania

DO WYPEŁNIENIA:
- 2 szklanki cukru pudru
- 1 szklanka masła, miękkiego
- 1 łyżeczka ekstraktu z mięty pieprzowej

NA polewę:
- ½ szklanki cukru pudru
- 1 łyżka mleka
- 2 laski cukierków, zgniecione

INSTRUKCJE:

a) Rozgrzej piekarnik do 375°F. Wyłóż formę do bułek galaretkowych o wymiarach 10 × 15 cali pergaminem lub papierem woskowanym.
b) W dużej misce wymieszaj mąkę, krem z kamienia nazębnego, proszek do pieczenia i cukier granulowany.
c) W osobnej średniej misce ubij jajka z wodą na wysokich obrotach, aż będą jasne i puszyste; około pięciu minut.
d) Delikatnie wymieszaj masę jajeczną z suchymi składnikami, tylko do połączenia. Nie przesadzaj. Ciasto podzielić na dwie osobne miski. Pofarbuj połowę na czerwono.
e) Wlać jedno ciasto na jedną stronę przygotowanej formy. Drugą połowę wylej na drugą stronę (tak aby były obok siebie). Piec przez 10 do 12 minut lub do momentu, aż biała strona stanie się złotobrązowa.
f) Podczas pieczenia ciasta rozłóż czysty ręcznik kuchenny. Posyp równomiernie ¼ szklanki cukru pudru, aby ciasto nie przykleiło się do ręcznika.
g) Gdy ciasto będzie upieczone, od razu przełóż je na ręcznik i delikatnie zdejmij papier do pieczenia. Zwiń ciasto w ręcznik. Odstaw ciasto do ostygnięcia i ostudź na blacie przez jedną do dwóch godzin.
h) Nadzienie: Ubij cukier puder i miękkie masło, aż składniki się połączą i uzyskają kremową masę. Wymieszaj ekstrakt z mięty pieprzowej. Po całkowitym wystudzeniu ciasto rozwałkować i posmarować nadzieniem. Zwiń ciasto (bez ręcznika) tak mocno, jak to możliwe. Przykryj ciasto folią spożywczą i włóż do lodówki na co najmniej godzinę przed podaniem, aby się schłodziło.
i) Nadzienie: Gdy ciasto będzie gotowe do podania, rozpakuj je z folii i połóż na półmisku lub dużym talerzu. Wymieszaj cukier puder i mleko. Wylać równomiernie na ciasto, po czym posypać pokruszonymi cukierkami.
j) Pokrój i podawaj!

60. Babeczki Piñata

SKŁADNIKI:
Babeczki:
- 2 kostki masła (temperatura pokojowa)
- 1 szklanka cukru
- 2 łyżeczki wanilii
- 1 szklanka mąki
- ½ łyżeczki soli
- 1 łyżeczka proszku do pieczenia

LUKIER:
- 1 Cytryna
- 2 kostki masła
- 16 uncji cukru pudru
- 2-3 łyżki mleka
- 4 łyżki dżemu malinowego
- 2-4 krople czerwonego barwnika spożywczego
- 10 uncji cukierków Skittles America Mix

INSTRUKCJE:
Babeczki:
a) Rozgrzej piekarnik do 350°F. Masło i cukier utrzyj mikserem ręcznym na jasną i puszystą masę.
b) Dodawaj pojedynczo wanilię i jajka. W osobnej misce wymieszaj mąkę, sól i proszek do pieczenia.
c) Powoli dodawaj suche składniki do mieszanki maślanej, dobrze mieszając, aż do całkowitego połączenia.
d) Wypełnij wyłożone papilotkami foremki do babeczek do ¾ wysokości i piecz przez 18-22 minuty. Pozwól im całkowicie ostygnąć.

LUKIER:
e) Zetrzyj skórkę z cytryny i odłóż ją na bok. Do miski miksującej przesiej cukier puder.
f) Używając ręcznego miksera, utrzyj masło na gładką masę. Stopniowo dodawaj cukier puder, po ½ szklanki na raz, dokładnie mieszając przed każdym dodaniem.
g) Dodaj dżem malinowy, skórkę cytrynową, mleko i barwnik spożywczy.
h) Aby złożyć, wytnij 1-calowy kawałek ze środka każdej babeczki (zachowaj pokrywkę). Napełnij każdą wnękę ¼ szklanki cukierków Skittles i załóż pokrywkę.
i) Posmaruj babeczki i udekoruj je dodatkowymi Skittlesami.
j) Te babeczki Piñata obiecują eksplozję radości przy każdym kęsie, czyniąc je słodkim przeżyciem podczas każdej uroczystości.

61. Ciasteczka Truskawkowo-Czekoladowe

SKŁADNIKI:
- ¼ szklanki) cukru
- 1 łyżka skrobi kukurydzianej
- Posyp solą
- 2 łyżki wody
- ½ szklanki rozgniecionych truskawek
- 1 kropla czerwonego barwnika spożywczego, opcjonalnie
- 2 pojedyncze okrągłe biszkopty
- ⅔ szklanki pokrojonych w plasterki świeżych truskawek
- ⅓ szklanki ubitej polewy
- 1 łyżka syropu czekoladowego, opcjonalnie

INSTRUKCJE:

a) W małym rondlu wymieszaj sól, skrobię kukurydzianą i cukier. Wymieszać z pokruszonymi truskawkami i wodą.

b) Gotować; gotować i mieszać przez minutę, aż zgęstnieje. Jeśli chcesz, dodaj barwnik spożywczy.

c) Na talerzu ułóż biszkopty.

d) Dodajemy syrop czekoladowy, ubitą polewę, pokrojone truskawki i ewentualnie sos truskawkowy.

62.Ciasto Kubkowe z Cukrowym Ciastkiem

SKŁADNIKI:

- 2 łyżki zamiennika jajka
- 2 łyżki masła, miękkiego
- ⅓ szklanki mąki
- 3 łyżki cukru
- 1 łyżeczka wanilii
- 3 łyżki rumchaty
- 2 łyżki posypki tęczowej
- 1 szklanka cukru pudru
- 2-3 krople różowego lub czerwonego barwnika spożywczego

INSTRUKCJE:

a) W misce wymieszaj substytut jajka, masło, mąkę, cukier, wanilię, 2 łyżki rumchaty i 1 łyżkę tęczowej posypki.
b) Umieścić w dodatkowym kubku.
c) Włóż do kuchenki mikrofalowej na 60 sekund, wytrzyj ciasto, które wypłynęło na brzegi, a następnie włóż ponownie do kuchenki mikrofalowej na kolejne 30 sekund.
d) Wyjmij ciasto i włóż je do lodówki.
e) Gdy ostygnie, wymieszaj cukier puder, 1 łyżkę rumchaty i barwnik spożywczy.
f) Polej lekko ciepłe ciasto.

63. Macarons z malinami i różami

SKŁADNIKI:
NA MUSZKI MAKARONU:
- 250 g Aquafaby (płynu z ciecierzycy z puszki)
- ⅛ łyżeczki Kremu Tatarskiego
- Szczypta soli
- 150 gramów mielonych migdałów
- 130 gramów czystego cukru pudru
- 110 gramów drobnego/drobnego cukru
- Kropla wegańskiego czerwonego barwnika spożywczego
- Kilka kropli organicznego ekstraktu z róży

NA KREM MALINOWY RÓŻANY:
- 125 gramów wegańskiego substytutu masła
- 55 gramów cukru pudru
- Kilka kropli organicznego ekstraktu z róży
- Kilka kropel wegańskiego czerwonego barwnika spożywczego
- 25 Maliny

DODATKI:
- Worki do szprycowania z dołączoną okrągłą końcówką
- Maty Silpat lub silikonowy papier do pieczenia
- Blachy do pieczenia
- Butelka z rozpylaczem wypełniona wodą

INSTRUKCJE:

a) Na noc przed zrobieniem makaroników przygotuj Aquafabę. W małym rondlu gotuj na wolnym ogniu 250 gramów Aquafaby, aż masa zredukuje do 110 gramów. Przelać do miski, ostudzić i wstawić na noc do lodówki.

b) Skorupki makaronika: Zmiel zmielone migdały i cukier puder w robocie kuchennym, a następnie przesiej do miski, aby usunąć wszelkie grudki. Odłożyć na bok.

c) W mikserze z czystymi ubijakami ubijaj Aquafabę, krem nazębny i sól na wysokich obrotach, aż zacznie się pienić i będzie przypominać spienione białka jaj. Upewnij się, że na dnie miski nie pozostał żaden płyn.

d) Stopniowo dodawaj cukier puder, cały czas miksując. Dodaj wegański czerwony barwnik spożywczy i organiczny ekstrakt z róży

i kontynuuj ubijanie na wysokich obrotach, aż uzyskasz gęstą, błyszczącą bezę.
e) Delikatnie wymieszaj szpatułką połowę mieszanki migdałów i cukru pudru z bezą. Dodaj drugą połowę i kontynuuj składanie, aż mieszanina będzie przypominać gęstą lawę. Unikaj nadmiernego mieszania.
f) Napełnij rękaw cukierniczy wyposażony w okrągłą końcówkę mieszaniną makaroników i wyciskaj 2-calowe krążki na macie wyłożonej Silpatem lub silikonowym papierem do pieczenia. Możesz potrzebować 3 lub 4 tac, aby wycisnąć wszystkie skorupki makaronika.
g) Uderz tackami o blat, aby pozbyć się pęcherzyków powietrza, a następnie odstaw tacki w chłodne miejsce na 2-3 godziny, aż muszelki zmatowieją i przestaną się kleić.
h) Rozgrzej piekarnik do 120 stopni Celsjusza. Piecz każdą blachę makaroników osobno przez 28-30 minut, nie otwierając w międzyczasie drzwi piekarnika. Po upieczeniu makaroniki pozostawić w piekarniku na kolejne 15 minut, następnie dokładnie wystudzić i odkleić od papieru Silpat/Silicone.
i) Krem maślany z różą malinową: W mikserze ubij wegańskie masło z cukrem pudrem, organicznym ekstraktem z róży i wegańskim czerwonym barwnikiem spożywczym, aż będzie puszyste. Przełożyć do rękawa cukierniczego z okrągłą końcówką.
j) Umyj i osusz maliny, odłóż je na bok.

MONTAŻ:
k) Makaron układamy na blacie kuchennym zaokrągloną stroną do dołu. Lekko zwilż spód makaroników wodą i odstaw na 5 minut przed napełnieniem.
l) Wyciśnij krąg kremu maślanego na spód makaronika i połóż na środku całą malinę. Ułóż kanapkę z inną skorupą makaronika i powtarzaj, aż wszystkie skorupki zostaną wypełnione.
m) Makaroniki włóż do pudełka i wstaw do lodówki na noc, najlepiej na 2 noce, aby mogły dojrzeć i uzyskać odpowiednią konsystencję.
n) Makaroniki najlepiej podawać w temperaturze pokojowej lub 10 minut po wyjęciu z lodówki, a nie prosto z lodówki.

64. Babeczki Czerwone Aksamitne

SKŁADNIKI:
- 2 białka jaj
- 2 szklanki mieszanki na ciasto z czerwonego aksamitu
- 1 szklanka mieszanki na ciasto czekoladowe
- ¼ szklanki nalewki z konopi indyjskich
- 1 12-uncjowa torebka kawałków czekolady
- 1 12-uncjowa puszka napoju gazowanego cytrynowo-limonkowego
- 1 12-uncjowa tuba lukru z kwaśnej śmietany

INSTRUKCJE:
a) Rozgrzej piekarnik do 350°F.
b) Formę do muffinów wyłóż papierowymi papilotkami.
c) Połącz białka jaj, mieszankę ciast , nalewkę , kawałki czekolady i napój gazowany w dużej misce.
d) Dobrze wymieszaj, aż powstanie gładkie ciasto.
e) Wlać ciasto do foremek do pieczenia.
f) Piec przez 20 minut.
g) Przed nałożeniem lukru poczekaj, aż babeczki ostygną.

65.Mrożone ciasto z czerwonego aksamitu

SKŁADNIKI:
NA CIASTO:
- 2 1/2 szklanki mąki uniwersalnej
- 1 1/2 szklanki granulowanego cukru
- 1 łyżeczka sody oczyszczonej
- 1 łyżeczka soli
- 1 łyżeczka kakao w proszku
- 1 1/2 szklanki oleju roślinnego
- 1 szklanka maślanki, temperatura pokojowa
- 2 duże jajka, temperatura pokojowa
- 2 łyżki czerwonego barwnika spożywczego
- 1 łyżeczka ekstraktu waniliowego
- 1 łyżeczka białego octu

NA LUK Z SERKA KREMOWEGO:
- 16 uncji serka śmietankowego, zmiękczonego
- 1/2 szklanki niesolonego masła, zmiękczonego
- 4 szklanki cukru pudru
- 1 łyżeczka ekstraktu waniliowego

INSTRUKCJE:

a) Rozgrzej piekarnik do 175°C (350°F). Nasmaruj tłuszczem i mąką dwie okrągłe formy do ciasta o średnicy 9 cali.
b) W dużej misce przesiej mąkę, cukier, sodę oczyszczoną, sól i kakao.
c) W drugiej misce wymieszaj olej roślinny, maślankę, jajka, czerwony barwnik spożywczy, ekstrakt waniliowy i biały ocet, aż dobrze się połączą.
d) Stopniowo dodawaj mokre składniki do suchych, mieszaj, aż masa będzie gładka i dobrze połączona.
e) Rozłóż ciasto równomiernie pomiędzy przygotowane tortownice.
f) Piec w nagrzanym piekarniku przez 25-30 minut lub do momentu, aż wykałaczka wbita w środek ciasta będzie sucha.
g) Wyjmij ciasta z piekarnika i pozostaw je do ostygnięcia w formie na 10 minut, a następnie przenieś je na metalową kratkę, aby całkowicie ostygły.
h) Gdy ciasta ostygną, przygotuj lukier z serka śmietankowego. W dużej misce ubij serek śmietankowy i masło, aż masa będzie gładka i kremowa. Stopniowo dodawaj cukier puder i ekstrakt waniliowy, ubijaj, aż masa będzie gładka i puszysta.
i) Po całkowitym wystygnięciu ciastek ułóż jedną warstwę ciasta na talerzu do serwowania. Na wierzch wyłóż warstwę kremowego kremu serowego.
j) Połóż drugą warstwę ciasta na wierzchu i posmaruj wierzch i boki ciasta pozostałą polewą z serka śmietankowego.
k) Udekoruj ciasto według uznania.
l) Przed podaniem ciasto należy schłodzić w lodówce przez co najmniej 30 minut, aby lukier stwardniał.
m) Pokrój i podawaj.

66. Suflet Truskawkowy

SKŁADNIKI:

- 18 uncji świeżych truskawek, obranych i zmiksowanych
- ⅓ szklanki surowego miodu
- 5 organicznych białek jaj
- 4 łyżeczki różowej lemoniady

INSTRUKCJE:

a) Rozgrzej piekarnik do 350°F.
b) W misce wymieszaj puree truskawkowe, miód, 2 białka i różową lemoniadę.
c) Zmiksuj blenderem ręcznym, aż masa będzie puszysta i lekka.
d) W drugiej misce ubić pozostałe białka na puszystą masę.
e) Wymieszać z pozostałym miodem .
f) Delikatnie wymieszaj białka z masą truskawkową.
g) Przenieś mieszaninę równomiernie do 6 foremek i na blachę do pieczenia.
h) Gotuj około 10-12 minut.
i) Wyjmij z piekarnika i natychmiast podawaj.

67. Ciasto Czerwonego Aksamitu

SKŁADNIKI:
- 2 ½ szklanki mąki uniwersalnej
- 2 łyżeczki niesłodzonego kakao w proszku
- 1 łyżeczka soli koszernej
- 1 łyżeczka sody oczyszczonej
- 2 jajka w temperaturze pokojowej
- 1 ½ szklanki granulowanego cukru
- 1 ½ szklanki oleju roślinnego
- 1 szklanka maślanki o temperaturze pokojowej
- 1 ½ łyżeczki ekstraktu waniliowego
- 1 łyżeczka destylowanego białego octu
- 1 uncja czerwonego barwnika spożywczego

DO LUKRU:
- 16 uncji serka śmietankowego, zmiękczonego
- 1 szklanka niesolonego masła, zmiękczonego
- 8 szklanek cukru pudru
- 1 łyżka pełnego mleka
- 2 łyżeczki ekstraktu waniliowego

INSTRUKCJE:
a) Rozgrzej piekarnik do 325 stopni F. Spryskaj dwie 9-calowe formy do ciasta sprayem do pieczenia lub natłuść je i posyp mąką.
b) W dużej misce wymieszaj mąkę, kakao w proszku, sól i sodę oczyszczoną, przesiej lub wymieszaj.
c) W średniej misce rozbij jajka i ubij je trzepaczką. Wlej cukier, olej, maślankę i wanilię do miski i mieszaj ręcznym mikserem na niskich obrotach, aż wszystko będzie ładne i kremowe.
d) W dużej misce powoli łącz mokre składniki z suchymi.
e) Dodaj ocet i czerwony barwnik spożywczy. Mieszaj, aż całe ciasto będzie czerwone i nie będzie żadnych smug.
f) Do każdej tortownicy wlać taką samą ilość ciasta. Wstrząśnij i postukaj patelniami, aby uwolnić pęcherzyki powietrza, następnie odstaw na 5 minut. Piecz ciasta przez 25 do 30 minut. Wyjmij ciasta z foremek i umieść je na stojakach do studzenia.
g) Gdy ciasta ostygną, przygotuj lukier. W dużej misce wymieszaj serek śmietankowy i masło.
h) Utrzyj oba składniki razem za pomocą ręcznego miksera, następnie powoli dodawaj cukier puder, po 1 filiżance na raz.
i) Dodaj mleko i wanilię i mieszaj, aż lukier będzie ładny i kremowy. Gdy ciasta całkowicie ostygną, posmaruj je lukrem.

68.Ciasteczka z kawałkami czekolady Czerwony aksamit

SKŁADNIKI:

- 1 ½ szklanki mąki uniwersalnej
- ¼ szklanki kakao w proszku
- 1 łyżeczka sody oczyszczonej
- ¼ łyżeczki soli morskiej
- ½ szklanki niesolonego masła, temperatura pokojowa
- ½ szklanki brązowego cukru
- ½ szklanki
- 1 jajko, temperatura pokojowa
- 1 łyżka mleka/maślanki/jogurtu naturalnego
- 2 łyżeczki ekstraktu waniliowego
- ½ łyżeczki czerwonego barwnika spożywczego w żelu
- 1 szklanka kawałków białej lub ciemnej czekolady

INSTRUKCJE:
a) W dużej misce wymieszaj mąkę, kakao w proszku, sodę oczyszczoną i sól, a następnie odłóż na bok.
b) Używając ręcznego lub stojącego miksera, ubijaj masło, brązowy cukier i cukier granulowany na dużej prędkości, aż uzyskasz kremową masę przez około 1-2 minuty.
c) Następnie dodaj jajko, mleko, ekstrakt waniliowy i barwnik spożywczy, ubijaj, aż składniki się dobrze połączą, a następnie wyłącz mikser.
d) Do mokrych składników dodać suche składniki.
e) Włącz mikser na małą prędkość i powoli ubijaj, aż powstanie bardzo miękkie ciasto.
f) Jeśli chcesz dodać więcej barwnika spożywczego, możesz to zrobić na tym etapie.
g) Na koniec dodać kawałki czekolady i ubić.
h) Przykryj ciasto folią spożywczą i pozostaw do schłodzenia w lodówce na co najmniej 2 godziny lub na noc.
i) Po schłodzeniu pozostaw ciasto w temperaturze pokojowej na co najmniej 15 minut przed uformowaniem kulek i pieczeniem, ponieważ ciasto stwardnieje.
j) Rozgrzej piekarnik do 180°C.
k) Dwie duże blachy do pieczenia wyłóż papierem do pieczenia lub matami silikonowymi. Odłożyć na bok.
l) Za pomocą łyżki nabieraj porcję ciasta i zwiń je w kulkę.
m) Ułóż je na blaszce wyłożonej papierem do pieczenia i piecz przez 11-13 minut.
n) Piec partiami.
o) Dodaj jeszcze kilka kawałków czekolady na wierzch ciepłych ciasteczek.

69. Wafel lodowy z czerwonego aksamitu

SKŁADNIKI:

- 1 ¾ szklanki mąki uniwersalnej
- ¼ szklanki niesłodzonego kakao
- 1 łyżeczka sody oczyszczonej
- 1 łyżeczka soli
- 1 szklanka oleju rzepakowego
- 1 szklanka granulowanego cukru
- 1 duże jajko
- 3 łyżki czerwonego barwnika spożywczego
- 1 łyżeczka czystego ekstraktu waniliowego
- 1 ½ łyżeczki destylowanego białego octu
- ½ szklanki maślanki
- Nieprzywierający spray do gotowania
- 1 ½ kwarty lodów waniliowych
- 2 szklanki półsłodkich mini chipsów czekoladowych

INSTRUKCJE:

a) Rozgrzej gofrownicę do średniego poziomu.
b) W średniej wielkości misce wymieszaj mąkę, kakao, sodę oczyszczoną i sól. Odłożyć na bok.
c) W misie miksera stacjonarnego lub za pomocą elektrycznego miksera ręcznego w dużej misce ubijaj olej i cukier na średniej prędkości, aż dobrze się wymieszają. Wbij jajko. Zmniejsz obroty miksera na niskie i powoli dodaj barwnik spożywczy i wanilię.
d) Wymieszaj ocet i maślankę. Dodaj połowę tej mieszanki maślanki do dużej miski z olejem, cukrem i jajkiem. Mieszaj do połączenia, a następnie dodaj połowę mieszanki mąki.
e) Zdrap miskę i zamieszaj tylko tyle, aby upewnić się, że nie ma niezmieszanej mąki.
f) Dodaj resztę maślanki, wymieszaj do połączenia, a następnie dodaj ostatnią część mieszanki mąki.
g) Wymieszaj ponownie, tylko tyle, aby upewnić się, że nie ma niezmieszanej mąki.
h) Pokryj obie strony rusztu gofrownicy sprayem zapobiegającym przywieraniu. Wlać tyle ciasta do gofrownicy, aby przykryć ruszt,

zamknąć pokrywkę i smażyć, aż gofry będą wystarczająco twarde, aby można je było wyjąć z gofrownicy, 4 minuty.

i) Pozostaw gofry do lekkiego ostygnięcia na metalowej kratce. Użyj nożyczek kuchennych lub ostrego noża, aby podzielić gofry na kawałki.
j) Powtórz, aby uzyskać w sumie 16 sekcji.
k) Podczas gdy kawałki gofrów ostygną, odstaw lody na blat, aby zmiękły na 10 minut.
l) Gdy lody zmiękną, ułóż połowę gofrów i za pomocą szpatułki rozsmaruj na każdej z nich lody o grubości około 1 cala.
m) Na wierzch ułóż pozostałe części, tak aby powstało 8 kanapek. Gumową szpatułką zeskrob nadmiar nadmiaru lodów, aby wyrównać krawędzie.
n) Następnie zanurz brzegi lodów w misce lub płytkim naczyniu wypełnionym mini kawałkami czekolady.
o) Każdą kanapkę szczelnie zawiń w folię, włóż do zamykanej na zamek torby i włóż torebkę do zamrażarki na co najmniej 1 godzinę, aby lody stwardniały.
p) Wyjmij kanapkę na kilka minut przed podaniem, aby lekko zmiękła.

70.Miniserniki Czerwony aksamit

SKŁADNIKI:

WARSTWA Ciasteczek z czerwonego aksamitu
- 1 i ½ szklanki + 1 łyżka mąki uniwersalnej
- ¼ szklanki niesłodzonego kakao w proszku
- 1 łyżeczka sody oczyszczonej
- ¼ łyżeczki soli
- ½ szklanki niesolonego masła zmiękczonego do temperatury pokojowej
- ¾ szklanki jasnego lub ciemnego brązowego cukru
- ¼ szklanki granulowanego cukru
- 1 jajko w temperaturze pokojowej
- 1 łyżka mleka
- 2 łyżeczki czystego ekstraktu waniliowego
- 1 łyżka czerwonego barwnika spożywczego

WARSTWA SERNIKA
- 12 uncji serka śmietankowego, zmiękczonego do temperatury pokojowej
- 2 łyżki jogurtu
- ⅓ szklanki granulowanego cukru
- 1 duże jajko w temperaturze pokojowej
- 1 łyżeczka czystego ekstraktu waniliowego
- ½ szklanki mini lub zwykłych półsłodkich kawałków czekolady

INSTRUKCJE:

a) Rozgrzej piekarnik do 350°F.
b) Wyłóż dwie foremki na muffiny (12 sztuk) papilotkami do babeczek. Odłożyć na bok.
c) Przygotuj warstwę ciasteczka z czerwonego aksamitu: w dużej misce wymieszaj mąkę, kakao, sodę oczyszczoną i sól. Odłożyć na bok.
d) Używając ręcznego lub stojącego miksera z przystawką do łopatek, ubijaj masło na dużej prędkości, aż stanie się kremowe, około 1 minuty.
e) W razie potrzeby zeskrob boki i dno miski.
f) Przełącz mikser na średnią prędkość i ubijaj brązowy cukier i cukier granulowany, aż się połączą.

g) Wbić jajko, mleko i ekstrakt waniliowy, w razie potrzeby zeskrobując boki i dno miski.
h) Po wymieszaniu dodać barwnik spożywczy i ubijać do połączenia.
i) Wyłącz mikser i wsyp suche składniki do mokrych. Włącz mikser na niskie obroty i powoli ubijaj, aż powstanie bardzo miękkie ciasto.
j) Jeśli chcesz, aby ciasto było bardziej czerwone, dodaj więcej barwnika spożywczego. Ciasto będzie lepkie.
k) Wciśnij 1 małą łyżkę ciasta na spód każdej papilotki. Mówię „skąpe", bo inaczej nie wystarczy na 22-24 mini serniki. Piecz każdą partię przez 8 minut, aby wstępnie upiec skórkę przed ułożeniem sernika na wierzchu.
l) Przygotuj warstwę sernika: za pomocą miksera ręcznego lub miksera z przystawką do łopatek ubijaj serek śmietankowy na średnim poziomie, aż będzie całkowicie gładki.
m) Dodaj jogurt i cukier, ubijaj na wysokich obrotach, aż się połączą.
n) Dodaj jajko i wanilię i ubijaj na średnim poziomie, aż się połączą.
o) Delikatnie wmieszać kawałki czekolady. Nałóż 1 łyżkę ciasta sernikowego na wierzch wcześniej upieczonego ciasteczka, rozprowadzając je tak, aby całkowicie przykryło ciasteczko.
p) Włóż mini serniki do piekarnika i piecz jeszcze przez około 20 minut.
q) Jeśli wierzch za szybko się zarumieni, przykryj kubki folią aluminiową.
r) Pozostawić do ostygnięcia na blacie na 30 minut, następnie wstawić do lodówki na kolejne 1,5 godziny.
s) Kubki z ciasteczkami pozostają świeże i przykryte w temperaturze pokojowej przez 12–24 godziny, a następnie należy je przechowywać w lodówce przez kolejne 3 dni.

71. Muffinki z kremowym serkiem Czerwony aksamit

SKŁADNIKI:
KRUSZKA KRUSZKOWA
- ½ szklanki granulowanego cukru
- ¼ szklanki mąki uniwersalnej
- 2 łyżki niesolonego masła

MIESZANKA SERÓW KREMOWYCH
- 4 uncje zmiękczonego serka śmietankowego
- ¼ szklanki granulowanego cukru
- ½ łyżeczki ekstraktu waniliowego

MUFFINY
- 1 ¼ szklanki mąki uniwersalnej
- ½ szklanki granulowanego cukru
- 2 łyżeczki proszku do pieczenia
- ½ łyżeczki soli
- 1 duże jajko
- ½ szklanki oleju roślinnego
- ⅓ szklanki mleka
- 2 łyżki niesłodzonego kakao w proszku
- 2 łyżeczki czerwonego barwnika spożywczego

INSTRUKCJE:
a) Rozgrzej piekarnik do 375° F.
b) Przygotuj formę do muffinów, wykładając ją papilotkami lub spryskując nieprzywierającym sprayem kuchennym.

KRUSZKA KRUSZKOWA
c) W średniej misce dodaj mąkę, cukier i masło. Za pomocą widelca posiekaj masło, aż uzyskasz grube okruchy.

MIESZANKA SERÓW KREMOWYCH
d) W drugiej misce utrzyj serek śmietankowy, cukier i wanilię na gładką masę.

MUFFINY
e) Do miski miksera stacjonarnego dodaj mąkę, proszek do pieczenia i sól i wymieszaj, aby połączyć.
f) Dodaj jajko, olej, mleko, kakao w proszku i czerwony barwnik spożywczy i mieszaj, aż składniki się połączą.
g) Włóż mieszaninę serka śmietankowego do ciasta na muffiny, uważając, aby nie wymieszać zbyt mocno.
h) Nałóż ciasto do przygotowanej muffinki, wypełniając każdą do około ⅔ wysokości.
i) Każdą muffinkę równomiernie posypujemy kruszonką.
j) Piec w temperaturze 375° F przez 17-19 minut lub do momentu, aż wykałaczka włożona w środek będzie czysta.
k) Pozostaw muffinki do ostygnięcia w formie na około 10 minut, a następnie przenieś je na kratkę do całkowitego wystygnięcia.

72. Tarta malinowa Czerwony aksamit

SKŁADNIKI:

- 1 arkusz schłodzonego ciasta na ciasto
- 1 duże białko, lekko ubite
- ¼ szklanki dżemu malinowego bez pestek
- ⅔ szklanki miękkiego masła
- ¾ szklanki cukru
- 3 duże jajka
- 1 duże żółtko
- 1 łyżka kakao do pieczenia
- 2 łyżeczki czerwonego barwnika spożywczego w paście
- 1 szklanka zmielonych migdałów
- Lukier

INSTRUKCJE:

a) Rozgrzej piekarnik do 350°. Rozwiń arkusz ciasta na 9-calowy placek. karbowana forma do tarty z wyjmowanym dnem; przyciąć nawet krawędzią. Zamrażaj przez 10 minut.

b) Ciasto wyłożyć podwójną grubością folii. Wypełnij ciężarkami do ciasta, suszoną fasolą lub nieugotowanym ryżem. Piec przez 12-15 minut lub do momentu, aż krawędzie staną się złotobrązowe.

c) Usuń folię i obciążniki; posmaruj spód ciasta białkiem. Piec 6-8 minut dłużej lub do złotego koloru. Studzimy na drucianej kratce.

d) Na spód ciasta rozsmaruj dżem. W misce utrzyj masło z cukrem na jasną i puszystą masę. Stopniowo ubijaj jajka, żółtko, kakao i barwnik spożywczy. Wsypać zmielone migdały. Rozsmarować na dżemie.

e) Piec 30-35 minut lub do momentu, aż nadzienie się zetnie. Całkowicie ostudzić na metalowej kratce.

f) W małej misce wymieszaj cukier cukierniczy z wodą i ekstrahuj, aż uzyskasz gładką masę; posmarować lub wycisnąć na tartę. Resztki przechowuj w lodówce.

73.Suflety z czerwonego aksamitu

SKŁADNIKI:
- 1 łyżka masła
- 3 łyżki granulowanego cukru
- 4-uncjowa tabliczka do pieczenia gorzkiej czekolady, posiekana
- 5 dużych jaj, oddzielonych
- ⅓ szklanki granulowanego cukru
- 3 łyżki mleka
- 1 łyżka czerwonego barwnika spożywczego w płynie
- 1 łyżeczka ekstraktu waniliowego
- Szczypta soli
- 2 łyżki granulowanego cukru
- Cukier puder
- Bita Śmietana

INSTRUKCJE:
a) Rozgrzej piekarnik do 350°.
b) Nasmaruj spód i boki foremek masłem.
c) Lekko posyp 3 łyżkami cukru, strzepując jego nadmiar. Ułożyć na blasze do pieczenia.
d) Czekoladę podgrzewaj w kuchence mikrofalowej w dużej misce, którą można używać w kuchence mikrofalowej, na poziomie WYSOKIM, przez 1 minutę do 1 minuty i 15 sekund lub do momentu rozpuszczenia, mieszając w 30-sekundowych odstępach.
e) Wymieszaj 4 żółtka, ⅓ szklanki cukru i kolejne 3 składniki.
f) Ubij 5 białek z solą przy dużej prędkości za pomocą elektrycznego miksera stojącego o dużej wytrzymałości, aż powstanie piana.
g) Stopniowo dodawaj 2 łyżki cukru, ubijaj, aż powstanie sztywna piana.
h) Dodaj mieszaninę białek do mieszanki czekolady, jedna trzecia na raz.
i) Nałóż łyżką do przygotowanych kokilek.
j) Przesuń czubkiem kciuka po krawędziach kokilek, wycierając je do czysta i tworząc płytkie wgłębienie wokół krawędzi mieszanki.
k) Piec w temperaturze 350°C przez 20 do 24 minut lub do momentu, aż suflet wyrośnie i stwardnieje.
l) Posyp cukrem pudrem; podawać natychmiast z bitą śmietaną.

74. Ciasteczka Czerwony aksamit z odciskiem kciuka, wypełnione białą czekoladą

SKŁADNIKI:

- 1 1/4 szklanki mąki uniwersalnej
- 1/4 szklanki niesłodzonego kakao w proszku
- 1/2 łyżeczki proszku do pieczenia
- 1/4 łyżeczki soli
- 1/2 szklanki niesolonego masła, zmiękczonego
- 2/3 szklanki granulowanego cukru
- 1 duże jajko
- 1 łyżka mleka
- 1 łyżeczka ekstraktu waniliowego
- czerwony barwnik do jedzenia
- Biała czekolada, roztopiona (do nadzienia)

INSTRUKCJE:

a) Rozgrzej piekarnik do 175°C (350°F). Blachę do pieczenia wyłóż papierem pergaminowym.
b) W średniej misce wymieszaj mąkę, kakao, proszek do pieczenia i sól. Odłożyć na bok.
c) W osobnej dużej misce utrzyj masło z cukrem na jasną i puszystą masę. Dodaj jajko, mleko, ekstrakt waniliowy i czerwony barwnik spożywczy. Mieszaj, aż dobrze się połączą.
d) Stopniowo dodawaj suche składniki do mokrych, mieszaj, aż powstanie ciasto.
e) Z ciasta uformuj kulki o średnicy 1 cm i ułóż je na przygotowanej blasze do pieczenia.
f) Zrób wgłębienie na środku każdego ciasteczka za pomocą kciuka lub grzbietu łyżeczki.
g) Piec przez 10-12 minut lub do momentu, aż ciasto się zetnie. Wyjąć z piekarnika i pozostawić do ostygnięcia na kilka minut.
h) Każde wgłębienie wypełnić roztopioną białą czekoladą.
i) Przed podaniem pozwól ciasteczkom całkowicie ostygnąć.

75.Ciasto Kawowe z Czerwonego Aksamitu

SKŁADNIKI:
- 2 filiżanki mąki uniwersalnej
- 1 szklanka granulowanego cukru
- 1/2 szklanki niesolonego masła, zmiękczonego
- 1/2 szklanki kwaśnej śmietany
- 2 jajka
- 1/4 szklanki kakao w proszku
- 1 łyżeczka proszku do pieczenia
- 1/2 łyżeczki sody oczyszczonej
- 1/2 łyżeczki soli
- 1/2 szklanki mleka (lub innego bezmlecznego)
- 1 łyżeczka ekstraktu waniliowego
- Czerwony barwnik spożywczy (wg uznania)
- 1/2 szklanki kawałków czekolady (opcjonalnie)

INSTRUKCJE:
a) Rozgrzej piekarnik do 175°C (350°F). Nasmaruj naczynie do pieczenia.
b) W dużej misce utrzyj miękkie masło i granulowany cukier na jasną i puszystą masę.
c) Dodawaj jajka, jedno po drugim, dobrze mieszając po każdym dodaniu.
d) Mieszaj śmietanę i ekstrakt waniliowy, aż dobrze się połączą.
e) W osobnej misce wymieszaj mąkę, kakao, proszek do pieczenia, sodę oczyszczoną i sól.
f) Stopniowo dodawaj suche składniki do mokrych, na zmianę z mlekiem i mieszaj, aż składniki się połączą.
g) Dodawaj czerwony barwnik spożywczy aż do uzyskania pożądanego koloru, dobrze mieszając.
h) Włóż kawałki czekolady, jeśli używasz.
i) Ciasto wlać do przygotowanej formy do pieczenia, równomiernie je rozprowadzając.
j) Piec w nagrzanym piekarniku przez 35-40 minut lub do momentu, aż wykałaczka wbita w środek będzie sucha.
k) Po upieczeniu wyjąć z piekarnika i przed podaniem lekko ostudzić. Ciesz się ciastem kawowym Czerwony aksamit!

76. Mus sernikowy z czerwonego aksamitu

SKŁADNIKI:
- 6 uncji zmiękczonego serka śmietankowego w kształcie bloku
- ½ szklanki gęstej śmietanki
- 2 łyżki kwaśnej śmietany pełnotłustej
- ⅓ szklanki słodzika w proszku o niskiej zawartości węglowodanów
- 1 ½ łyżeczki ekstraktu waniliowego
- 1 ½ łyżeczki kakao w proszku
- 1 łyżeczka naturalnego czerwonego barwnika spożywczego
- Bita śmietana ciężka słodzona kroplami stewii
- Wiórki czekoladowe bez cukru

INSTRUKCJE:
a) Do dużej miski z elektrycznym mikserem ręcznym lub mikserem stacjonarnym dodaj miękki serek śmietankowy, gęstą śmietanę, kwaśną śmietanę, słodzik w proszku i ekstrakt waniliowy.
b) Mieszaj na niskim poziomie przez minutę, następnie na średnim poziomie przez kilka minut, aż masa będzie gęsta, kremowa i dokładnie połączona.
c) Dodaj kakao i mieszaj na wysokich obrotach, aż składniki się połączą, zdrapując boki gumową skrobaczką, aby dokładnie wymieszać.
d) Dodaj czerwony barwnik spożywczy i mieszaj, aż uzyskasz konsystencję budyniu.
e) Łyżką lub za pomocą rękawa cukierniczego wyciśnij mus do małej szklanki deserowej lub miski.
f) Udekoruj kleksem bezcukrowej bitej śmietany i odrobiną startej bezcukrowej czekolady. Podawać
g) Bita śmietanka słodzona kroplami stewii, wiórki czekoladowe bez cukru

77.Szewc z czerwonego aksamitu i jagód

SKŁADNIKI:

- 1 łyżka skrobi kukurydzianej
- 1 ¼ szklanki cukru, podzielone
- 6 szklanek różnych świeżych jagód
- ½ szklanki miękkiego masła
- 2 duże jajka
- 2 łyżki czerwonego barwnika spożywczego w płynie
- 1 łyżeczka ekstraktu waniliowego
- 1 ¼ szklanki mąki uniwersalnej
- 1 ½ łyżki niesłodzonego kakao
- ¼ łyżeczki soli
- ½ szklanki maślanki
- 1 ½ łyżeczki białego octu
- ½ łyżeczki sody oczyszczonej

INSTRUKCJE:

a) Rozgrzej piekarnik do 350°. Wymieszaj skrobię kukurydzianą i ½ szklanki cukru.
b) Wymieszaj jagody z mieszaniną skrobi kukurydzianej i przełóż łyżką do lekko natłuszczonej formy do pieczenia o wymiarach 11 x 7 cali.
c) Ubij masło na średnią prędkość mikserem elektrycznym, aż będzie puszyste; stopniowo dodawaj pozostałe ¾ szklanki cukru, dobrze ubijając.
d) Dodawaj jajka, jedno po drugim, ubijając po każdym dodaniu, aż składniki się połączą.
e) Mieszaj czerwony barwnik spożywczy i wanilię, aż się połączą.
f) Połącz mąkę, kakao i sól. Wymieszaj maślankę, ocet i sodę oczyszczoną w miarce płynu o pojemności 2 szklanek.
g) Dodawaj mieszankę mączną do masy maślanej na przemian z maślanką, zaczynając i kończąc na mieszance mącznej.
h) Po każdym dodaniu ubijaj na małych obrotach, aż składniki się połączą.
i) Łyżką nakładaj ciasto na mieszankę jagodową.
j) Piec w temperaturze 350°C przez 45 do 50 minut lub do momentu, aż drewniany wykałaczka włożona w środek wierzchu ciasta będzie wyjęta czysta. Studzimy na metalowej kratce przez 10 minut.

78.Ciasto Owocowe z Czerwonego Aksamitu

SKŁADNIKI:
- 200 gram Maidy
- 220 gramów cukru pudru
- 1 łyżka kakao w proszku
- 150 ml Oleju roślinnego
- 250 ml maślanki
- 1 łyżeczka proszku do pieczenia
- ½ łyżeczki sody oczyszczonej
- ¼ łyżeczki soli
- ½ łyżeczki octu
- 1 łyżka esencji waniliowej
- ½ szklanki gęstej śmietanki

DO DEKORACJI:
- Sztuka czekolady
- Kiwi i winogrona
- Miód
- Słodkie klejnoty

INSTRUKCJE:
a) Do miski dodaj wszystkie wymienione powyżej suche składniki i przesiej je razem, aby uniknąć grudek.
b) Teraz dodaj maślankę, olej roślinny, esencję waniliową i pastę z buraków i dobrze wymieszaj, aby uzyskać gładkie ciasto.
c) Na koniec dodać ocet i dobrze wymieszać.
d) Weź 1 formę do ciasta o średnicy 6 cali i formę do muffinów, posmaruj je olejem i posyp za pomocą Maidy,
e) wlać do nich równomiernie ciasto.
f) Rozgrzej kuchenkę mikrofalową do 180°C przez 10 minut. Piec je w nagrzanej kuchence mikrofalowej przez 20-25 minut lub do momentu, w zależności od kuchenki mikrofalowej.
g) Ubijaj śmietankę przez 3-4 minuty i odstaw do zamrożenia.
h) Pokrój kiwi i winogrona.
i) Po upieczeniu pozostawić do ostygnięcia i wyjąć z formy.
j) Na oba ciasta nałóż bitą śmietanę i udekoruj klejnotami, czekoladą, posiekanymi owocami i na koniec miodem.

79.Ciastko Czerwony aksamit

SKŁADNIKI:
- 2 szklanki mąki samorosnącej
- ½ łyżeczki kremu z kamienia nazębnego
- ⅛ łyżeczki soli
- 1 łyżka niesłodzonego kakao w proszku
- 2 łyżki granulowanego cukru
- ¾ szklanki zimnej maślanki
- ½ szklanki zimnego, niesolonego masła, posiekanego
- ¼ szklanki tłuszczu warzywnego o smaku masła
- 1 łyżeczka ekstraktu waniliowego
- ½ uncji czerwonego barwnika spożywczego

INSTRUKCJE:
a) W dużej misce połącz samorosnącą mąkę, sól, kakao, cukier i krem z kamienia nazębnego.
b) Składniki przesiej lub wymieszaj, aż składniki się dobrze połączą.
c) Do miski miksera dodaj wszystkie suche składniki.
d) Dodaj masło, tłuszcz piekarski, maślankę i barwnik spożywczy.
e) Włącz mikser i pozwól, aby składniki mieszały się na średniej prędkości, aż zamieni się w czerwone ciasto.
f) Po uformowaniu ciasta spłaszcz je na lekko posypanej mąką płaskiej powierzchni za pomocą wałka do ciasta.
g) Wytnij ciasteczka za pomocą pokrywki do konserw, foremki do ciastek lub foremki do ciastek.
h) Ułóż ciasteczka w naczyniu do pieczenia.
i) Piec ciastka w temperaturze 400 F przez 12-15 minut.
j) Po zakończeniu posmaruj lub natrzyj masłem wierzch ciastek, gdy są jeszcze ciepłe.

80. Makaroniki z czerwonego aksamitu

SKŁADNIKI:
- ½ szklanki + 2 łyżki drobnej mąki migdałowej, blanszowanej
- ½ szklanki cukru pudru
- 1 łyżeczka niesłodzonego kakao w proszku
- 2 duże białka jaj
- szczypta kremu z kamienia nazębnego
- ¼ szklanki + 1 łyżeczka cukru kryształu
- czerwony barwnik spożywczy w żelu
- Lukier sernikowy

INSTRUKCJE:
a) Do dużej miski przesiej mąkę migdałową, cukier puder i niesłodzone kakao w proszku i odłóż na bok.
b) Dodaj białka do miski miksera za pomocą trzepaczki i mieszaj na średnich obrotach, aż na powierzchni białek pojawią się małe bąbelki.
c) Dodaj szczyptę kamienia nazębnego i kontynuuj mieszanie, aż uzyskasz miękki szczyt.
d) Następnie stopniowo dodawaj cukier granulowany i miksuj na średnich obrotach przez 30 sekund. Zwiększ prędkość mieszania do średnio-wysokiej. Kontynuuj mieszanie, aż utworzą się sztywne, błyszczące szczyty.
e) Na tym etapie dodaj czerwony barwnik spożywczy w żelu. Zostanie wymieszany w następnym kroku.
f) Dodaj suche składniki do bezy i wymieszaj okrężnymi ruchami, aż gruba wstęga ciasta będzie spływać po szpatułce ciągłym strumieniem po podniesieniu.
g) Wlać ciasto do dużego rękawa cukierniczego wyposażonego w średniej wielkości okrągłą końcówkę do wyciskania i wyciskać rurkę o średnicy 1 ¼ cala na przygotowanych blachach do pieczenia, zachowując odstępy około 1 cala od siebie.
h) Uderz mocno patelnią o blat kilka razy, aby uwolnić pęcherzyki powietrza, a następnie wykałaczką lub rysikiem usuń pozostałe pęcherzyki powietrza, które wypłyną na powierzchnię.
i) Odstaw makaroniki na 30 minut lub do momentu, aż zaczną tworzyć się skórki.

j) Podczas gdy makaroniki odpoczywają, rozgrzej piekarnik do 157 C.
k) Piecz po jednej blaszce z makaronikami na środkowej półce piekarnika przez 15-18 minut i obracaj patelnię w połowie czasu.
l) Wyjmij makaroniki z piekarnika i pozwól im ostygnąć na blasze przez około 15 minut, a następnie delikatnie wyjmij je z maty silpat.
m) Połącz muszle w pary, a następnie wyciśnij porcję serka śmietankowego i polej jedną skorupkę makaronika. Delikatnie dociśnij drugą muszlę do wierzchu lukru, aby utworzyć kanapkę.
n) W razie potrzeby posmaruj odrobiną białej czekolady i pokrusz dwie skorupki makaronika, aby użyć ich jako dekoracji.
o) Gotowe makaroniki włóż do hermetycznego pojemnika i wstaw do lodówki na noc, a następnie pozwól im ogrzać się do temperatury pokojowej i ciesz się smakiem!

81. Miętowe eklery

SKŁADNIKI:
NA PATE A CHOUX:
- ½ szklanki niesolonego masła
- 1 szklanka wody
- ¼ łyżeczki soli
- 1 Mąkę o wszechstronnym przeznaczeniu
- 4 duże jajka

DO NADZIENIA MIĘTOWEGO:
- ½ szklanki niesolonego masła, zmiękczonego
- 4 uncje serka śmietankowego, zmiękczonego
- ½ szklanki słodzonego skondensowanego mleka
- 1 ½ szklanki ciężkiej śmietany, schłodzonej
- 1 szklanka cukru pudru (opcjonalnie)
- 1 łyżeczka wanilii
- ¼ łyżeczki olejku miętowego

DO PRZYBRANIA:
- 1 ½ szklanki roztopionej białej czekolady
- ½ szklanki pokruszonych lasek cukierków
- Czerwony barwnik spożywczy (opcjonalnie)

INSTRUKCJE:
NA PATE A CHOUX:
a) Rozgrzej piekarnik do 218°C i wyłóż blachę do pieczenia papierem pergaminowym.
b) W rondelku roztapiamy masło, dodajemy wodę i sól, doprowadzamy do wrzenia.
c) Dodajemy mąkę i mieszamy, aż powstanie kula ciasta. Pozostawić do ostygnięcia na 20 minut.
d) Stopniowo dodawaj jajka, jedno po drugim, dobrze mieszając po każdym dodaniu.
e) Przenieść ciasto do rękawa cukierniczego i wycisnąć eklery o średnicy od 4 do 6 cali na blachę do pieczenia.
f) Piec w temperaturze 218°C przez 10 minut, następnie zmniejszyć temperaturę do 190°C i piec przez 40-45 minut na złoty kolor. Nie otwieraj drzwi piekarnika.

DO WYPEŁNIENIA:
g) Miękkie masło i serek ubić na gładką masę.
h) Dodać słodzone mleko skondensowane i miksować do uzyskania kremowej konsystencji.
i) Dodaj schłodzoną śmietankę, wanilię i olejek miętowy. Mieszaj, aż utworzą się sztywne szczyty.

MONTAŻ ÉCLAIRÓW:
j) Całkowicie ostudzić eklery i zrobić dziury do wypełnienia.
k) Nadzienie przełożyć do rękawa cukierniczego z końcówką do napełniania i napełniać eklery, aż z końcówek zacznie wypływać krem.
l) Do dekoracji zanurz eklery w roztopionej białej czekoladzie, a następnie posyp pokruszonymi laskami cukierków.
m) Opcjonalnie możesz zarezerwować 1 szklankę bitej śmietany, dodać czerwony barwnik spożywczy i wycisnąć na zwykłe eklery. Udekoruj pokruszonymi laskami cukierków.
n) Jeśli nie zostanie spożyty w ciągu kilku godzin, należy go przechowywać w lodówce. Najlepiej smakuje w ciągu 2-3 dni.

82. Szyfonowe ciasto z gujawą

SKŁADNIKI:
KRUSZĄCA POWŁOKA Z CIASTA:
- 1 szklanka mąki
- ¼ łyżeczki soli
- ¼ szklanki tłuszczu
- ¼ szklanki masła (zimnego)
- Zimna woda (w razie potrzeby)

POŻYWNY:
- 1 koperta z niesmakowaną żelatyną
- 1 łyżka soku z cytryny
- 4 jajka; rozdzielony
- 1 szklanka soku z gujawy
- ¾ szklanki cukru
- Kilka kropli czerwonego barwnika spożywczego
- ⅛ łyżeczki Kremu z kamienia nazębnego

BYCZY:
- Słodzona bita śmietana
- Plasterki gujawy

INSTRUKCJE:
KRUSZĄCA POWŁOKA Z CIASTA:
a) Połącz mąkę i sól. Pokrój tłuszcz i masło, aż grudki będą wielkości groszku.
b) Dodaj wodę i mieszaj, aż mieszanina zostanie zwilżona. Uformuj kulę i schładzaj przez 45 minut.
c) Rozwałkować na posypanej mąką desce za pomocą wałka oprószonego mąką lub pokrytego fiszbiną. Ostrożnie przenieś ciasto na 9-calową blachę do ciasta. Pierce skończył widelcem.
d) Piec w temperaturze 400°F przez 15 minut. Fajny.

POŻYWNY:
e) Zmiękczyć żelatynę w soku z cytryny i odstawić.
f) W rondlu wymieszaj żółtka, sok z gujawy i ½ szklanki cukru. Dodaj kilka kropli czerwonego barwnika spożywczego.
g) Gotuj i mieszaj na średnim ogniu, aż mieszanina zgęstnieje.
h) Dodaj mieszaninę żelatyny i mieszaj, aż się rozpuści. Ochłodzić mieszaninę, aż osiągnie konsystencję nieubitych białek.
i) Białka jaj i krem kamienniczy ubić razem, aż utworzą się miękkie szczyty. Stopniowo dodawaj ¼ szklanki cukru i ubijaj, aż powstanie sztywna piana.
j) Dodać mieszaninę żelatyny i wylać na upieczony spód ciasta. Chłod.

BYCZY:
k) Całość posmaruj słodką bitą śmietaną.
l) Udekoruj plasterkami gujawy.
m) Ciesz się orzeźwiającym szyfonowym ciastem z guawy!

83. Tort z czerwonego aksamitu

SKŁADNIKI:
- 1 ¼ szklanki oleju roślinnego
- 1 szklanka maślanki
- 2 jajka
- 2 łyżki czerwonego barwnika spożywczego
- 1 łyżeczka octu jabłkowego
- 1 łyżeczka ekstraktu waniliowego
- 2 ½ szklanki zwykłej mąki
- 1 ¾ szklanki cukru rycynowego
- 1 łyżeczka sody oczyszczonej
- Szczypta soli
- 1 ½ łyżki kakao w proszku

GLAZARA Z SERKA KREMOWEGO:
- 225 g (8 uncji) serka śmietankowego, temperatura pokojowa
- 5 łyżek niesolonego masła
- 2 ½ szklanki cukru pudru
- 1 łyżeczka ekstraktu waniliowego

INSTRUKCJE:

a) Rozgrzej piekarnik do 180 stopni C. Natłuść i oprósz mąką formę do pieczenia.

b) W mikserze stojącym lub mikserze elektrycznym połącz olej, maślankę, jajka, barwnik spożywczy, ocet i wanilię. Dobrze wymieszaj.

c) W osobnej misce przesiej razem suche składniki. Stopniowo dodawaj do mokrych składników, ubijaj na gładką masę.

d) Ciasto wlać do przygotowanej formy. Piec przez 50 minut lub do momentu, aż wykałaczka będzie czysta.

e) Wyjmij z piekarnika i pozostaw na 10 minut. Powoli poluzuj boki i przełóż na kratkę, aby całkowicie ostygły.

f) Po ostygnięciu wyłóż na wierzch polewę z serka śmietankowego.

PRZYGOTOWANIE LAKIERU Z SERKA KREMOWEGO:

g) Połącz masło i serek śmietankowy w mikserze stacjonarnym lub mikserze elektrycznym.

h) Stopniowo dodawaj cukier i wanilię przy niskiej prędkości, aby połączyć, a następnie ubijaj na dużej prędkości przez trzy minuty.

84. Ciasto z lodem z czerwonego aksamitu

SKŁADNIKI:

- 2 szklanki pokruszonych czekoladowych ciasteczek waflowych lub czekoladowych krakersów graham
- ½ szklanki roztopionego masła
- ¼ szklanki granulowanego cukru
- Opakowanie 12,2 uncji ciasteczek Czerwony aksamit Oreo
- 8 uncji serka śmietankowego, zmiękczonego
- Pudełko 3,4-uncjowej mieszanki budyniowej z sernikiem błyskawicznym
- 2 szklanki pełnego mleka lub pół na pół
- 8 uncji mrożonej ubitej polewy

INSTRUKCJE:

a) Rozgrzej piekarnik do 375°F. Lekko spryskaj 9-calowy talerz na ciasto sprayem do gotowania.
b) W małej misce wymieszaj okruszki ciasteczek, masło i cukier. Dobrze wymieszaj, a następnie wyciśnij na spód i boki formy. Piec przez 15 minut lub do momentu, aż ciasto się zetnie. Całkowicie ostudzić.
c) Zarezerwuj 5 całych ciasteczek do dekoracji, a resztę umieść w zamykanej plastikowej torbie.
d) Zmiażdż ciasteczka. Odłożyć na bok.
e) W średniej wielkości misce użyj miksera, aby utrzeć serek śmietankowy, mieszankę budyniową i mleko. Ubijaj przez 2-3 minuty lub do momentu, aż masa będzie kremowa, puszysta i gładka.
f) Ręcznie włóż ubitą polewę i pokruszone ciasteczka do nadzienia. Wylać na schłodzony spód.
g) Wierzch dekorujemy pozostałą bitą polewą i według uznania całymi ciasteczkami.
h) Przed podaniem schładzaj przez co najmniej 4 godziny.

85. Sernik wiśniowy z czerwoną lustrzaną polewą

SKŁADNIKI:
NA SERNIK:
- 150 g wiśni bez pestek i jedna dodatkowa cała wiśnia do dekoracji
- Sok z ½ cytryny
- 150 g cukru pudru
- 300 g białej czekolady, połamanej na kawałki
- 600 g serka śmietankowego Philadelphia w temperaturze pokojowej
- 300 ml śmietany śmietankowej o temperaturze pokojowej
- 1 łyżeczka ekstraktu waniliowego

NA PODSTAWĘ:
- 75 g niesolonego masła, roztopionego, plus dodatkowa ilość do natłuszczenia
- 175 g ciastek Digestive

DO SZKLIWIENIA:
- 4 listki żelatyny klasy platynowej (Dr. Oetker)
- 225 g cukru pudru
- 175 ml śmietanki podwójnej
- 100 g białej czekolady, drobno posiekanej
- 1 łyżeczka czerwonego barwnika spożywczego w żelu

INSTRUKCJE:
PRZYGOTOWANIE SERNIKA:
a) Lekko natłuść spód i boki tortownicy o średnicy 20 cm. Odepnij spód i połóż na nim okrąg z papieru do pieczenia o szerokości 30 cm.
b) Ponownie przymocuj wyłożony spód do formy, upewniając się, że nadmiar papieru zwisa pod spodem, aby ułatwić podanie. Boki wyłożyć paskiem papieru do pieczenia.
c) W robocie kuchennym wymieszaj wiśnie, sok z cytryny i 75 g cukru pudru.
d) Mieszaj, aż będzie dość gładka. Przenieść mieszaninę do średniego rondla, doprowadzić do wrzenia, następnie zmniejszyć ogień i gotować na wolnym ogniu przez 4-5 minut, aż zgęstnieje i stanie się syropowate. Pozwól mu całkowicie ostygnąć.

TWORZENIE PODSTAWY:
e) W czystej misce robota kuchennego pokruszyć herbatniki trawienne, aż będą przypominały drobną bułkę tartą. Przełożyć do miski i wymieszać z roztopionym masłem.
f) Wciśnij mieszaninę do przygotowanej formy, aby utworzyć twardą, równą podstawę. Schłodzić przez co najmniej 20 minut.

PRZYGOTOWANIE NADZIENIA SERNIKOWEGO:
g) Rozpuść białą czekoladę w żaroodpornej misce ustawionej nad gotującą się wodą. Odstawić do ostygnięcia do temperatury pokojowej, zachowując jednocześnie płynność.
h) W dużej misce ubijaj serek śmietankowy na gładką masę. Dodać śmietankę, pozostały cukier puder i ekstrakt waniliowy. Ubijaj, aż lekko zgęstnieje. Dodać ostudzoną białą czekoladę.
i) Na schłodzony spód wylać połowę masy serowej. Połóż na nim dżem wiśniowy i za pomocą szpikulca wmieszaj go w nadzienie. Wlać pozostałą mieszaninę serka śmietankowego na dżem, upewniając się, że wierzch jest gładki. Stuknij puszkę, aby usunąć pęcherzyki powietrza i wstaw do lodówki na co najmniej 4 godziny, aż masa stwardnieje.

WYKONANIE SZKLIWII LUSTRZANEJ:
j) Listki żelatyny namoczyć na kilka minut w misce z zimną wodą.

k) W rondelku wymieszaj cukier i 120 ml świeżo przegotowanej wody. Podgrzewaj na małym ogniu, mieszając, aż cukier się rozpuści. Doprowadzić do wrzenia i gotować przez 2 minuty. Dolać śmietanę i dusić jeszcze przez 2 minuty. Zdejmij z ognia, odciśnij nadmiar wody z namoczonych listków żelatyny i dodaj je do śmietanki, mieszając aż do rozpuszczenia.
l) Pozostaw mieszaninę kremową do ostygnięcia na 4-5 minut. Wmieszaj białą czekoladę. Dodaj czerwony barwnik spożywczy w żelu i mieszaj, aż dobrze się połączy.
m) Glazurę przecedzić przez sito do dużej miski. Pozostawić do ostygnięcia na 15-20 minut, aż osiągnie temperaturę pokojową, od czasu do czasu mieszając, aby zapobiec tworzeniu się kożucha. Glazura powinna mieć konsystencję przypominającą podwójną śmietanę.

LAKIEROWANIE SERNIKA:

n) Ostrożnie wyjmij sernik z formy, zdejmij papier do pieczenia i połóż go na drucianej kratce z blachą pod spodem. Przejedź gorącym nożem paletowym po powierzchni, aby ją wygładzić, a następnie wylej na nią dwie trzecie schłodzonej glazury, aby całkowicie ją przykryła. Przechowywać w lodówce przez 10 minut, aby ustawić.
o) W razie potrzeby podgrzej pozostałą glazurę i przesiej ją ponownie przed nałożeniem drugiej warstwy na sernik. Udekoruj wiśniami i wstaw do lodówki na 5-10 minut, aż zastygną. Podawać bezpośrednio z rusztu lub przenosić na talerz za pomocą noża do palet lub podnośnika do ciasta. Cieszyć się!

86. Ciasto Buraczane Czerwone Aksamitne

SKŁADNIKI:
- 1 szklanka oleju Crisco
- ½ szklanki roztopionego masła
- 3 jajka
- 2 szklanki cukru
- 2 ½ szklanki mąki
- 2 łyżeczki cynamonu
- 2 łyżeczki sody oczyszczonej
- 1 łyżeczka soli
- 2 łyżeczki wanilii
- 1 szklanka buraków Harvard
- ½ szklanki kremowego twarogu
- 1 szklanka zmiażdżonego ananasa, odsączonego
- 1 szklanka posiekanych orzechów
- ½ szklanki kokosa

INSTRUKCJE:
a) Wymieszaj olej, masło, jajka i cukier.
b) Dodajemy mąkę, cynamon, sodę i sól.
c) Dodaj wanilię, buraki, twarożek, ananas, orzechy i kokos.
d) Wlać do patelni o wymiarach 9 x 13 cali.
e) Piec w temperaturze 350 stopni przez 40-45 minut. Podawać z bitą śmietaną.

87.Zapiekanka z buraków

SKŁADNIKI:

- 4 szklanki pokrojonych buraków (zarówno czerwonych, jak i żółtych), pokrojonych w plasterki o grubości ½ cala
- 1 szklanka cebuli pokrojonej w cienkie plasterki
- 2 szklanki sezonowanej bułki tartej
- 3 łyżki masła
- Oliwa z oliwek, do skropienia
- Parmezan, do posypania
- Przyprawa kreolska do posypania
- Sól i biały pieprz

INSTRUKCJE:

a) Rozgrzej piekarnik do 100 stopni F. W wysmarowanej masłem zapiekance lub ciężkim naczyniu do pieczenia ułóż buraki, cebulę i połowę bułki tartej, posypując każdą warstwę masłem i doprawiając każdą warstwę oliwą z oliwek, parmezanem, przyprawą kreolską oraz solą i pieprzem. do smaku.

b) Całość wykończ warstwą bułki tartej na wierzchu. Piec pod przykryciem przez 45 minut. Odkryj i kontynuuj pieczenie przez kolejne 15 minut lub do momentu, aż wierzch się zarumieni i zarumieni. Podawać bezpośrednio z naczynia.

88.Suflet z buraków zielonych

SKŁADNIKI:

- 3 łyżki parmezanu; tarty
- 2 średnie buraki; ugotowane i obrane
- 2 łyżki masła
- 2 łyżki mąki
- ¾ szklanki bulionu z kurczaka; gorący
- 1 szklanka buraków; smażone
- ½ szklanki sera Cheddar; tarty
- 3 Żółtka jaj
- 4 Białka jaj

INSTRUKCJE:

a) Masło 1 szkl. danie z sufletem; posypać parmezanem. Ugotowane buraki pokroić w plasterki i wyłożyć nimi dno formy do sufletu.

b) W małym rondelku roztapiamy masło, dodajemy mąkę, dodajemy gorący bulion i dalej gotujemy, aż lekko zgęstnieje, po czym przekładamy do większej miski. Grubo posiekaj buraki i dodaj do sosu razem z serem Cheddar.

c) W osobnej misce ubij żółtka; zmieszaj je z mieszanką zielonych buraków. Białka ubijaj, aż uformują się szczyty. Złożyć do miski z innymi składnikami; dobrze wymieszać. Całość przełożyć do wysmarowanej masłem formy do sufletów. Posypać parmezanem.

d) Piec w temperaturze 350 F. przez 30 minut lub do momentu, aż suflet będzie napęczniały i złocisty.

89. Mus z buraków z czerwonego aksamitu

SKŁADNIKI:
- 3 średnie buraki; Gotowane na ich skórze
- 2 ½ szklanki bulionu z kurczaka
- 2 opakowania żelatyny bezsmakowej
- 1 szklanka jogurtu bezsmakowego
- 2 łyżki soku z cytryny lub limonki
- 1 mała starta cebula
- 1 łyżka cukru
- 1 łyżka musztardy
- Sól i pieprz; do smaku

INSTRUKCJE:
a) Buraki obrane i ugotowane w kostkę.
b) Żelatynę umieścić w misce z 6 T wody i wymieszać. Odstawić na 2 minuty i zalać gorącym bulionem z kurczaka, mieszając.
c) Zmiksuj wszystkie składniki oprócz żelatyny. Prawidłowa przyprawa.
d) Dodać ostudzoną żelatynę i zmiksować tylko do połączenia.
e) Wlać do naoliwionej formy, aby ustawić 6. Wyjmij z formy i podawaj na środku talerza otoczonego sałatką z curry z kurczakiem lub sałatką z krewetek

90. Chleb Z Buraków

SKŁADNIKI:

- ¾ szklanki tłuszczu
- 1 szklanka cukru
- 4 jajka
- 2 łyżeczki wanilii
- 2 szklanki rozdrobnionych buraków
- 3 szklanki mąki
- 2 łyżeczki proszku do pieczenia
- 1 łyżeczka sody oczyszczonej
- ½ łyżeczki cynamonu
- ¼ łyżeczki mielonej gałki muszkatołowej
- 1 szklanka posiekanych orzechów

INSTRUKCJE:

a) Ubijaj tłuszcz i cukier na jasną i puszystą masę. Zmiksuj z jajkami i wanilią. Wymieszaj buraki.

b) Dodaj połączone suche składniki; Dobrze wymieszać. Wymieszaj orzechy.

c) Wlać do natłuszczonej i posypanej mąką formy do pieczenia chleba o wymiarach 9 x 5 cali.

d) Piec w temperaturze 350 stopni F. przez 60-70 minut lub do momentu, aż drewniana wykałaczka wbita w środek będzie czysta.

e) Schłodzić przez 10 minut; zdjąć z patelni.

91. Eklery Czerwony aksamit o smaku malinowo-czekoladowym

SKŁADNIKI:
CIASTO CHOUX:
- 1 szklanka wody
- ½ szklanki niesolonego masła
- 1 Mąkę o wszechstronnym przeznaczeniu
- 1 łyżka kakao w proszku
- ¼ łyżeczki soli
- 4 duże jajka

KREM DO CIASTA CZEKOLADOWEGO CZERWONY AKSAMIT:
- 500 ml mleka
- 120 g cukru
- 50 g mąki zwykłej
- 60 g proszku kakaowego
- 120 g żółtek (około 6 jajek)
- czerwony barwnik do jedzenia

GANACHE CZEKOLADOWE MALINY:
- 200 ml gęstej śmietanki
- 200 g gorzkiej czekolady
- Ekstrakt lub puree z malin

INSTRUKCJE:
CIASTO CHOUX:
a) Rozgrzej piekarnik do 200°C (z termoobiegiem 180°C) i wyłóż blachę do pieczenia papierem pergaminowym.
b) W rondlu wymieszaj wodę, masło, kakao i sól. Doprowadzić do wrzenia na średnim ogniu.
c) Dodajemy mąkę na raz, energicznie mieszając, aż powstanie gładkie ciasto. Kontynuuj gotowanie, mieszając, przez dodatkowe 1-2 minuty.
d) Ciasto przełożyć do miski miksującej i pozostawić do lekkiego przestygnięcia.
e) Dodawać po jednym jajku, dobrze ubijać po każdym dodaniu, aż ciasto będzie gładkie i błyszczące.
f) Ciasto parzone przełożyć do rękawa cukierniczego i wycisnąć z niego kształty eklerów na przygotowanej blasze.
g) Piec na złoty kolor i napuszenie. Pozwól ostygnąć.

KREM DO CIASTA CZEKOLADOWEGO CZERWONY AKSAMIT:
h) W rondelku podgrzej mleko, aż będzie ciepłe, ale nie wrzące.
i) W misce wymieszaj cukier, mąkę i kakao.
j) Stopniowo dodawaj suche składniki do ciepłego mleka, cały czas mieszając, aby uniknąć grudek.
k) W osobnej misce ubij żółtka. Stopniowo dodawaj po łyżce gorącej mieszanki mlecznej do żółtek, cały czas ubijając.
l) Wlej mieszaninę żółtek z powrotem do rondla i kontynuuj gotowanie, aż krem z ciasta zgęstnieje.
m) Zdjąć z ognia, dodać czerwony barwnik spożywczy, aż do uzyskania pożądanego koloru, i pozostawić do ostygnięcia.

GANACHE CZEKOLADOWE MALINY:
n) Podgrzej gęstą śmietanę w rondlu, aż zacznie się gotować.
o) Gorącą śmietanką zalej gorzką czekoladę. Odstaw na minutę, a następnie wymieszaj, aż masa będzie gładka.
p) Dodaj ekstrakt lub puree z malin do czekoladowego ganache, aby nadać mu malinowy smak.

MONTAŻ:
q) Ostudzone eklery przekrój poziomo na pół.
r) Napełnij rękaw do wyciskania kremem czekoladowo-czekoladowym z czerwonego aksamitu i wyciśnij go na dolną połowę każdego eklera.
s) Zanurz wierzch każdego eklera w czekoladowo-malinowym ganache, pozwalając, aby nadmiar spłynął.
t) Połóż eklery w czekoladzie na drucianej kratce, aby ganache stwardniał.
u) Opcjonalnie możesz posypać wierzch dodatkowym ganache, aby uzyskać dodatkową dekadencję.

92. Macarons z malinami i różą liczi

SKŁADNIKI:
NA MUSZKI MAKARONU:
- 1 białko o temperaturze pokojowej (39-40 g)
- 50 g cukru pudru
- 30 g mielonych migdałów
- 30 g cukru pudru
- ¼ łyżeczki różowego lub czerwonego barwnika spożywczego

NA NADZIENIE RÓŻOWE Z LICZI I MALINOWE:
- 80 g białej czekolady
- 4 liczi w puszkach
- ¼ łyżeczki wody różanej
- ½ łyżeczki syropu liczi z puszki
- 6-8 mrożonych/świeżych malin (przekrojonych na połówki)

INSTRUKCJE:

NA MUSZKI MAKARONU:

a) Do robota kuchennego lub małego blendera włóż zmielone migdały, barwnik spożywczy i cukier puder. Zmiksuj je drobno.
b) Przesiej zmieszaną mieszaninę i odłóż na bok.
c) Za pomocą elektrycznej ubijaczki ubijaj białko, zaczynając od niskich obrotów i stopniowo zwiększając je do maksymalnej prędkości. Ubijaj, aż piana się spieni (pojawi się mnóstwo drobnych bąbelków).
d) Teraz czas dodać cukier puder. Dodaj połowę cukru, kontynuuj ubijanie na maksymalnej prędkości przez około 2 minuty, następnie dodaj drugą połowę i kontynuuj ubijanie, aż masa będzie bardzo sztywna.
e) Suche składniki wymieszać z białkami. Proces ten nazywa się Macaronage. Rozpocznij składanie za pomocą gumowej szpatułki. Kontynuuj mieszanie, aż uzyskasz gładkie ciasto z lawą.
f) Gdy uzyskasz gładką, błyszczącą mieszankę, przestań składać. Podnieś mieszaninę szpatułką, a jeśli mieszanina powoli opadnie do miski, oznacza to, że możesz już iść. Można również sprawdzić, czy linie powstałe z uniesionej mieszaniny powoli znikają w ciągu 30 sekund. Na tym etapie możesz już zaczynać. Nie składaj nadmiernie, ponieważ stanie się zbyt płynny i bardzo trudny do wyciskania.
g) Makaroniki wyciskać na blachę do pieczenia umieszczoną nad blachą do pieczenia. Uderz dłonią w dno blachy do pieczenia, aby lekko spłaszczyć makaroniki.
h) Odstaw makaroniki na około 30 minut. Będzie to zależeć od wilgotności w domu i dnia. Spróbuj delikatnie dotknąć makaronika; po 30 minutach nie powinien kleić się do dłoni.
i) Rozgrzej piekarnik do 150°C, grzej tylko od góry. Gdy piekarnik będzie gotowy, odłóż makaroniki na najniższą półkę. Piec przez 12 minut, sprawdzając je po 6 minutach. Stopy powinny już zacząć się formować. Obróć blachę do pieczenia w przeciwnym kierunku, aby umożliwić równomierne pieczenie. Po upływie 6 minut zmień stopień grzania piekarnika na sam dół.

j) Piec kolejne 6 minut. Możesz sprawdzić, czy makaronik jest upieczony, dotykając delikatnie muszli, a jeśli makaronik nie ślizga się po nóżkach, oznacza to, że jest upieczony. Jeżeli tak nie jest, dodawaj za każdym razem kolejną 1 minutę i sprawdź.
k) Przed wyjęciem makaroników poczekaj, aż ostygną. Możesz zmoczyć miejsce pracy i nasunąć na nie blachę do pieczenia, aby przyspieszyć proces chłodzenia, ale nie zostawiaj jej tam zbyt długo, bo makaroniki staną się mokre. W przeciwnym razie możesz pozostawić je do ostygnięcia w temperaturze pokojowej i wyjąć.

NA NADZIENIE RÓŻOWE Z LICZI I MALINOWE:

l) 4 liczi z puszki pokrój na małe kawałki i wyciśnij maksymalny sok przez sito. Odłożyć na bok. (Zbyt dużo płynu spowoduje, że ganache będzie płynny i może zmiękczyć i zamoczyć skorupki makaronika).
m) Do małego garnka, na małym ogniu, włóż posiekane liczi i gotuj przez 1-2 minuty.
n) Dodaj wodę różaną i syrop z liczi. Niech się lekko rozgrzeje.
o) Zdjąć z ognia. Na koniec dodać białą czekoladę i mieszać, aż cała czekolada się rozpuści i dobrze wymiesza.
p) Napełnij skorupki makaronika ganache, ułóż połówkę malin i zamknij kolejną skorupką makaronika.
q) Po zakończeniu wyciskania wszystkich makaroników umieść je w hermetycznym pojemniku. Zostaw je w lodówce na noc. Makaroniki możesz przechowywać w lodówce do 48 godzin. Jeśli nie zostaną skonsumowane, zamroź je. Po 48 godzinach mogą stracić swoją konsystencję.
r) Wyjmij je z lodówki na 20 minut przed jedzeniem. Cieszyć się!

93.Ciasto śniadaniowe z rabarbarem i wstążką

SKŁADNIKI:
- ¾ szklanki cukru
- 3 łyżki skrobi kukurydzianej
- ¼ łyżeczki mielonego cynamonu
- ⅛ łyżeczki mielonej gałki muszkatołowej
- ⅓ szklanki zimnej wody
- 2 ½ szklanki pokrojonego świeżego lub mrożonego rabarbaru
- Opcjonalnie 3 do 4 kropli czerwonego barwnika spożywczego

RZADKIE CIASTO:
- 2 ¼ szklanki mąki uniwersalnej
- ¾ szklanki cukru
- ¾ szklanki zimnego masła, pokrojonego w kostkę
- ½ łyżeczki proszku do pieczenia
- ½ łyżeczki sody oczyszczonej
- ½ łyżeczki soli
- 1 duże jajko, lekko ubite
- ¾ szklanki (6 uncji) jogurtu waniliowego
- 1 łyżeczka ekstraktu waniliowego

BYCZY:
- 1 duże jajko, lekko ubite
- 8 uncji sera Mascarpone
- ¼ szklanki) cukru
- ½ szklanki posiekanych orzechów pekan
- ¼ szklanki słodzonych wiórków kokosowych

INSTRUKCJE:

a) Wymieszaj wodę, skrobię kukurydzianą, cynamon, gałkę muszkatołową i cukier w dużym rondlu, aż uzyskasz gładką masę. Do mieszanki dodać rabarbar. Ogrzewać aż do wrzenia; gotować i mieszać, aż zgęstnieje, przez około 2 minuty. Jeśli chcesz, dodaj barwnik spożywczy. Odłożyć.

b) W dużej misce wymieszaj mąkę i cukier; Pokrój masło w mieszankę, aż uzyska konsystencję grubych okruchów. Zaoszczędź 1 filiżankę na przygotowanie polewy. Do reszty okruchów dodać sól, sodę oczyszczoną i proszek do pieczenia. Wymieszaj jajko, jogurt i wanilię w małej misce; wymieszaj je z ciastem, aż będą gładkie. Rozłożony na 9 cali. tortownicę wysmarowaną tłuszczem.

c) Wymieszaj cukier, serek Mascarpone i jajko; łyżką wyłóż mieszankę na wierzch ciasta. Na wierzch dodaj mieszankę rabarbarową. Dodaj orzechy pekan i kokos do zachowanej mieszanki okruszków; posypać na wierzchu.

d) Piec do momentu sprawdzenia wykałaczką w temperaturze 350° przez około 60-65 minut. Pozostawić do ostygnięcia na kratce przez 20 minut; wyjmij boki patelni. Pozwól mu dokładnie ostygnąć.

94. Trufle Sernik Malinowy

SKŁADNIKI:

- 2 łyżki gęstej śmietany
- 8 uncji serka śmietankowego, zmiękczonego
- ½ szklanki proszku Swerve
- Szczypta soli morskiej
- 1 łyżeczka stewii waniliowej
- 1 ½ łyżeczki ekstraktu z malin
- 2-3 krople naturalnego czerwonego barwnika spożywczego
- ¼ szklanki roztopionego oleju kokosowego
- 1 ½ szklanki chipsów czekoladowych, bez cukru

INSTRUKCJE:

a) Na początek użyj miksera, aby dokładnie połączyć serek śmietankowy i serek śmietankowy, aż uzyskasz kremową konsystencję.
b) Połącz śmietanę, ekstrakt malinowy, stewię, sól i barwnik spożywczy w dużej misce.
c) Upewnij się, że wszystko jest dobrze połączone.
d) Dodaj olej kokosowy i miksuj na najwyższych obrotach, aż wszystko się dokładnie połączy.
e) Nie zapomnij zeskrobać boków miski tak często, jak to konieczne. Pozostawić na godzinę w lodówce. Wlać ciasto do miarki do ciastek o średnicy około ¼ cala, a następnie na blachę do pieczenia przygotowaną pergaminem.
f) Zamroź tę mieszaninę na godzinę, a następnie pokryj ją roztopioną czekoladą, aby zakończyć! Przed podaniem należy go włożyć na kolejną godzinę do lodówki, aby stwardniał.

95. Sernik Dyniowy

SKŁADNIKI:

- 16 uncji pomarańczowych ciasteczek kanapkowych z kremem
- 4 łyżki roztopionego masła
- Trzy 8-uncjowe opakowania miękkiego serka śmietankowego
- 1 ¼ szklanki cukru, podzielone
- 4 jajka
- 2 łyżeczki ekstraktu waniliowego, podzielone
- 16-uncjowy pojemnik kwaśnej śmietany
- 5 kropli czerwonego barwnika spożywczego
- 10 kropli żółtego barwnika spożywczego

INSTRUKCJE:

a) Rozgrzej piekarnik do 350 stopni F. Umieść 23 ciasteczka w zamykanej plastikowej torbie. Za pomocą wałka do ciasta rozgnieć ciasteczka, a następnie umieść okruchy w średniej misce z masłem; dobrze wymieszaj, a następnie rozprowadź mieszaninę na dnie 10-calowej tortownicy. Schłodź, aż będzie gotowy do wypełnienia.

b) W dużej misce, za pomocą elektrycznego ubijaka ustawionego na średnią prędkość, ubijaj serek śmietankowy i 1 szklankę cukru na kremową masę. Dodawaj po jednym jajku, dobrze ubijając po każdym dodaniu, następnie dodaj 1 łyżeczkę wanilii i dobrze wymieszaj.

c) Odłóż 2 ciasteczka do dekoracji, a następnie podziel pozostałe 8 ciasteczek. Wymieszaj kawałki ciasteczek z mieszaniną serka śmietankowego, a następnie wylej na spód.

d) Piec przez 55 do 60 minut lub do momentu, aż ciasto będzie twarde. Wyjmij z piekarnika i pozostaw do ostygnięcia na 5 minut.

e) W międzyczasie w średniej misce za pomocą łyżki wymieszaj śmietanę, pozostały cukier i wanilię oraz barwnik spożywczy, aż dobrze się połączą. Ostrożnie rozsmaruj masę śmietanową na wierzchu sernika i piecz przez kolejne 5 minut.

f) Ostudzić, a następnie schłodzić przez noc lub co najmniej 8 godzin. Udekoruj twarz dyni zarezerwowanymi 2 ciasteczkami.

g) Podawaj natychmiast lub przykryj, aż będzie gotowy do podania.

96. Babeczki Cukierkowe Lustrzane Czerwone Lustrzane

SKŁADNIKI:
BABECZKI:
- 1 ¼ szklanki mąki uniwersalnej
- ¾ szklanki drobnego cukru pudru
- 1 ½ łyżeczki proszku do pieczenia
- ½ łyżeczki drobnej soli
- ¼ szklanki niesolonego masła, miękkiego
- 1 duże jajko
- ¾ szklanki pełnego mleka
- ¼ szklanki oleju roślinnego
- 1 łyżka jogurtu greckiego lub kwaśnej śmietany
- ½ łyżeczki ekstraktu waniliowego lub pasty z ziaren wanilii
- 1 łyżeczka cynamonu
- Solony sos karmelowy do skropienia
- Liście mięty do dekoracji

Duszone JABŁKA:
- 5 zielonych jabłek, obranych i pokrojonych w kostkę
- 2 łyżki brązowego cukru
- 1 łyżeczka soku z cytryny

MUS KARMELOWY:
- 250 g białej czekolady, drobno posiekanej
- ⅓ szklanki śmietanki
- Szczypta soli
- 3 łyżeczki niesmakowanej żelatyny w proszku
- 2 łyżki wody
- 2 łyżeczki ekstraktu waniliowego
- 3 łyżki dulce de leche

CZERWONA SZKLIWA LUSTRZANA:
- 200 gramów słodzonego skondensowanego mleka
- 300 gramów granulowanego cukru
- 150 gramów wody
- 350 gramów kawałków białej czekolady
- 19 gramów żelatyny + ½ szklanki wody do zakwitnięcia
- 4-6 kropli czerwonego żelu spożywczego

INSTRUKCJE:
MUS KARMELOWY:
a) W misce, którą można używać w kuchence mikrofalowej, połącz białą czekoladę, ⅓ szklanki śmietanki i sól. Wgrzewaj w kuchence mikrofalowej co 30 sekund, mieszając co 30 sekund, aż czekolada się rozpuści i masa będzie gładka.
b) Wlać mieszaninę do dużej miski i pozostawić do ostygnięcia do temperatury pokojowej, mieszając od czasu do czasu.
c) W międzyczasie przygotuj żelatynę, mieszając żelatynę i zimną wodę w małej misce. Pozwól mu wchłonąć wodę, a następnie włóż do mikrofalówki na 15 sekund, aby ją stopić. Do masy czekoladowej wmieszać roztopioną żelatynę.
d) Ubij pozostałą 1 szklankę ciężkiej śmietanki na puszystą masę. Dodaj dulce de leche (lub sos solony karmel) i ubijaj, aż powstanie sztywna piana. Delikatnie wymieszaj połowę ubitej śmietany z masą czekoladową, a następnie dodaj pozostałą bitą śmietanę.
e) Mus przelej do silikonowych foremek i odstaw na noc do lodówki. Po zastygnięciu delikatnie wyjmij je z foremek.

CZERWONA SZKLIWA LUSTRZANA:
f) Żelatynę wymieszać z ½ szklanki wody i odstawić na 5 minut.
g) W rondlu podgrzej mleko, cukier i wodę na średnim ogniu i zagotuj.
h) Dodać napęczniałą żelatynę i mieszać aż do rozpuszczenia.
i) Do dużej żaroodpornej miski włóż kawałki białej czekolady. Gorącą mieszaniną zalej czekoladę i odstaw na 5 minut. Gdy czekolada zmięknie, dodaj czerwony żel spożywczy i użyj blendera zanurzeniowego lub ręcznej trzepaczki, aby wygładzić mieszaninę. Przelać mieszaninę przez sito, aby pozbyć się grudek.
j) Przed wylaniem glazury na zastygły mus należy poczekać, aż glazura ostygnie do temperatury 33°C. Jeżeli po wylaniu jest za rzadki, odstawiamy na 20 minut i następnie wylewamy drugą warstwę. Po pokryciu całego musu włóż babeczki do lodówki z lustrzaną glazurą.

BABECZKI:

k) Rozgrzej piekarnik do 160°C (320°F) lub 180°C (356°F) w przypadku piekarnika konwencjonalnego. Formę do babeczek wyłóż papilotkami.
l) W misie miksera wyposażonego w przystawkę do łopatek wymieszaj mąkę, proszek do pieczenia, cukier puder i sól. Mieszaj na małym ogniu przez kilka minut. Dodaj zmiękczone masło i mieszaj, aż konsystencja będzie przypominała drobny piasek.
m) W dużym dzbanku wymieszaj mleko, jajko, jogurt (lub kwaśną śmietanę), olej i ekstrakt waniliowy.
n) Dodawaj mokre składniki do suchych, powolnym i stałym strumieniem, aż przestaną być widoczne suche składniki. Zdrap miskę, dodaj duszone jabłka i mieszaj przez kolejne 20 sekund.
o) Każdą papilotkę napełnij do ¾ wysokości i skrop sosem solonym karmelem.
p) Piec przez 30-35 minut lub do momentu, gdy wbita wykałaczka będzie sucha. Pozostaw babeczki do całkowitego ostygnięcia na drucianej kratce do studzenia.

WYKOŃCZENIE BABEK:
q) Ostrożnie połóż przygotowany mus na wierzchu każdej babeczki.
r) Tuż przed podaniem udekoruj każdą babeczkę papierową słomką i listkiem mięty.

97. Czerwone aksamitne ciasteczka Whoopie

SKŁADNIKI:
- 2 filiżanki mąki uniwersalnej
- 2 łyżki niesłodzonego kakao w proszku
- 1 łyżeczka proszku do pieczenia
- 1/2 łyżeczki sody oczyszczonej
- 1/2 łyżeczki soli
- 1/2 szklanki niesolonego masła, zmiękczonego
- 1 szklanka granulowanego cukru
- 2 duże jajka
- 1 łyżeczka ekstraktu waniliowego
- 1/2 szklanki maślanki
- 1 łyżka czerwonego barwnika spożywczego
- Lukier z serka śmietankowego (kupny lub domowy)

INSTRUKCJE:
a) Rozgrzej piekarnik do 175°C (350°F). Blachy do pieczenia wyłóż papierem pergaminowym.
b) W średniej misce wymieszaj mąkę, kakao w proszku, proszek do pieczenia, sodę oczyszczoną i sól. Odłożyć na bok.
c) W dużej misce utrzyj masło z cukrem na jasną i puszystą masę. Dodawaj jajka, jedno po drugim, dobrze ubijając po każdym dodaniu. Wymieszać z ekstraktem waniliowym.
d) Stopniowo dodawaj suche składniki do mokrych, na zmianę z maślanką, mieszając aż składniki się dobrze połączą. Wymieszaj czerwony barwnik spożywczy.
e) Na przygotowane blachy do pieczenia nakładaj łyżki ciasta, zachowując odstępy około 2 cali.
f) Piec przez 10-12 minut lub do momentu, aż ciasteczka się zetną. Wyjąć z piekarnika i pozostawić do całkowitego ostygnięcia.
g) Po ostygnięciu posmaruj kremowym serkiem lukier na płaskiej stronie jednego ciasteczka i przełóż je na drugie ciasteczko. Powtórzyć z pozostałymi ciasteczkami i lukrem.
h) Podawaj i ciesz się!

98. Pudding Chlebowy Czerwony aksamit Z Sosem Bourbon

SKŁADNIKI:

- 6 szklanek pokrojonego w kostkę jednodniowego chleba (najlepiej francuski chleb)
- 2 szklanki mleka
- 4 duże jajka
- 1 szklanka granulowanego cukru
- 1/4 szklanki niesłodzonego kakao w proszku
- 1 łyżeczka ekstraktu waniliowego
- 1 łyżka czerwonego barwnika spożywczego
- 1/2 szklanki kawałków czekolady
- Sos Burbonowy:
- 1/2 szklanki niesolonego masła
- 1 szklanka granulowanego cukru
- 1/4 szklanki bourbona
- 1/4 szklanki gęstej śmietanki

INSTRUKCJE:

a) Rozgrzej piekarnik do 175°C (350°F). Nasmaruj naczynie do pieczenia o wymiarach 9 x 13 cali.
b) Pokrojony w kostkę chleb włóż do przygotowanego naczynia do pieczenia.
c) W misce wymieszaj mleko, jajka, cukier, kakao w proszku, ekstrakt waniliowy i czerwony barwnik spożywczy, aż dobrze się połączą.
d) Wlać mieszaninę na kostki chleba, delikatnie dociskając, aby cały chleb był nasiąknięty. Na wierzch posypujemy kawałkami czekolady.
e) Piec przez 35-40 minut lub do momentu, aż budyń stwardnieje, a wierzch stanie się złotobrązowy.
f) Podczas gdy budyń się piecze, przygotuj sos bourbon: W rondlu rozpuść masło na średnim ogniu. Wymieszaj cukier, bourbon i gęstą śmietanę. Doprowadzić do wrzenia, następnie zmniejszyć ogień i gotować przez 5 minut, ciągle mieszając. Zdjąć z ognia i lekko ostudzić.
g) Podawaj budyń chlebowy na ciepło, skropiony sosem bourbon.

99.Malinowe Lamingtony

SKŁADNIKI:
NA GORĄCY CIASTO MLECZNE:
- 5 jaj
- 1 szklanka pełnego mleka
- 6 łyżek masła
- 2 szklanki cukru (400 gramów)
- 2 szklanki mąki tortowej (220 gramów)
- 2 łyżeczki proszku do pieczenia
- ½ łyżeczki soli
- 1 łyżka ekstraktu waniliowego

DO glazury malinowej:
- 2 łyżeczki żelatyny w proszku
- 1 szklanka (200 g) cukru
- 1 szklanka wody
- 10 uncji mrożonych malin, rozmrożonych
- 2 szklanki (250g) cukru pudru
- ¼ łyżeczki czerwonego barwnika spożywczego (opcjonalnie)
- 2 szklanki wiórków kokosowych

INSTRUKCJE:
NA GORĄCY CIASTO MLECZNE:
a) Aby je podgrzać, włóż jajka do miski z ciepłą wodą. Rozgrzej piekarnik do 350°F.
b) Nasmaruj tłuszczem i mąką dwie kwadratowe formy do ciasta o średnicy 8 cali i wyłóż dno papierem pergaminowym.
c) W rondelku podgrzej mleko z masłem na małym ogniu, aż masło się rozpuści.
d) W dużej misce ubijaj jajka z cukrem na dużej prędkości przez 8 do 15 minut, aż potroją swoją objętość i uzyskają bladożółty kolor.
e) Przesiej mąkę, proszek do pieczenia i sól do masy jajecznej i wymieszaj, aż składniki się połączą.
f) Do ciepłego mleka dodać wanilię, następnie wlać do ciasta i mieszać aż do połączenia.
g) Rozłóż ciasto do foremek i piecz przez 30-34 minuty, aż wykałaczka będzie sucha. Studzimy w foremkach na drucianej kratce.

DO glazury malinowej i polewy kokosowej:

h) Zasyp żelatynę ¼ szklanki wody i odstaw na 5 minut, aby zmiękła.
i) W rondelku podgrzać wodę z cukrem do rozpuszczenia, następnie dodać maliny i gotować przez 5-8 minut. Odcedź mieszaninę, dociskając, aby usunąć płyn.
j) Zmiękczoną żelatynę podgrzewaj w kuchence mikrofalowej, aż stanie się syropowata, następnie wymieszaj z malinową masą. Do miski przesiej cukier puder, zalej syropem malinowym i ubijaj na gładką masę. W razie potrzeby dodaj barwnik spożywczy, następnie wstaw do lodówki na 15-20 minut, aż lekko zgęstnieje.

ZŁOŻYĆ:
k) Połóż drucianą kratkę do studzenia na blasze do pieczenia wyłożonej pergaminem. Odetnij brzegi biszkoptu i pokrój go na 2-calowe kwadraty. Zamrażaj wycięte kwadraty na 30 minut.
l) Przygotuj dwumisowy system pogłębiania z mieszanką malin w jednej misce i kokosem w drugiej.
m) Wyjmij kwadraty ciasta z zamrażarki, na każdy kwadrat nałóż polewę malinową, a następnie posmaruj kokosem. Umieścić na stojaku z drutu.
n) Gdy wszystkie kwadraty zostaną pokryte, włóż do lodówki na 20-30 minut, aby zastygło.

100. Makaroniki espresso z miętową korą

SKŁADNIKI:
DLA MUSZLI:
- 112 g mąki migdałowej (około 1 szklanka)
- 230 g cukru pudru (około 2 szklanki)
- 105 g białek jaj (około 3 duże jajka)
- Szczypta soli
- 1/4 łyżeczki kremu z kamienia nazębnego
- 50 g cukru kryształu (około 1/4 szklanki)
- 1/8 łyżeczki ekstraktu waniliowego
- 1/8 łyżeczki ekstraktu z mięty pieprzowej
- Czerwony żel spożywczy

NA KREM DO CIASTA:
- 1 szklanka gęstej śmietanki
- 3 łyżki kakao w proszku
- 1 łyżeczka proszku espresso
- 2 łyżki mąki
- 1/2 łyżeczki skrobi kukurydzianej
- 1/8 łyżeczki soli
- 1/4 szklanki cukru
- 1/2 łyżeczki ekstraktu waniliowego
- 1/8 łyżeczki ekstraktu z mięty pieprzowej
- 2 żółtka

INSTRUKCJE:
DLA MUSZLI:
a) W robocie kuchennym połącz mąkę migdałową i cukier cukierniczy. Pulsuj, aż składniki dokładnie się połączą i nie pozostaną grudki. Odłożyć na bok.
b) W dużej misce ubijaj białka z solą i kremem winnym na wysokich obrotach, aż powstanie piana.
c) Stopniowo dodawaj cukier granulowany, kontynuując ubijanie na wysokich obrotach, aż białka uformują się w miękką pianę (po podniesieniu ubijaków końcówki białek złożą się na siebie).
d) Dodaj ekstrakt z wanilii i mięty pieprzowej i ubijaj, aż powstanie sztywna piana (końcówki białek nie będą się układać).
e) Na bezę przesiać mąkę migdałową i cukier puder. Wyrzuć wszelkie grudki, które nie zostały prawidłowo przesiane.
f) Delikatnie wmieszaj mieszankę mąki do bezy za pomocą szpatułki. Podczas składania wypuść trochę powietrza. Kontynuuj, aż do całkowitego połączenia, a mieszanina będzie przypominać lawę, płynącą powoli równym strumieniem.
g) Przygotuj rękaw do wyciskania z okrągłą końcówką 1a. Aby uzyskać zawirowany wygląd, upuść czerwony barwnik spożywczy z 4 stron rękawa cukierniczego. Ciasto przełożyć do rękawa cukierniczego.
h) Wyciskaj okrągłe krążki o średnicy 1 cala na silikonową blachę do pieczenia lub blachę wyłożoną papierem do pieczenia. Uderz kilka razy tacą o blat, aby usunąć pęcherzyki powietrza. Za pomocą wykałaczki przebij większe pęcherzyki powietrza.
i) Pozostaw muszle do wyschnięcia na 45 minut do 1 godziny, aż przestaną być lepkie w dotyku. Powinny tworzyć ładną skórkę i całkowicie wyschnąć przed pieczeniem.
j) Rozgrzej piekarnik do 150°C (300°F).
k) Piec jedną blachę na raz w temperaturze 300°F (150°C) przez 15-17 minut. Przed zdjęciem z blachy do pieczenia lub papieru pergaminowego poczekaj, aż całkowicie ostygną.
NA KREM DO CIASTA:
l) Podgrzej śmietanę na średnim ogniu w rondlu, aż będzie ciepła.
m) W osobnej misce wymieszaj kakao w proszku, espresso w proszku, mąkę, skrobię kukurydzianą, sól i cukier.

n) Do suchej masy dodajemy żółtka i mieszamy do połączenia.
o) Powoli dodawaj ciepłą śmietankę do suchych składników i mieszaj, aż masa będzie gładka.
p) Przenieść mieszaninę z powrotem do rondla, ustawić na średnim ogniu i ciągle ubijać, aż zgęstnieje i uzyska konsystencję przypominającą budyń. Zdjąć z ognia.
q) Wymieszaj ekstrakt z wanilii i mięty pieprzowej, a następnie przelej mieszaninę przez drobne sito do miski.
r) Przykryj krem ciasto folią spożywczą, tak aby folia dotykała górnej części kremu, aby zapobiec tworzeniu się kożucha. Przed użyciem włożyć do lodówki na co najmniej 2 godziny.
s) MONTAŻ:
t) Gdy skorupki makaronika i krem do ciasta będą już gotowe, nałóż łyżką lub wyciśnij krem z ciasta na spód połowy muszli.
u) Połóż napełnione muszle pozostałymi muszlami, aby stworzyć kanapki z makaronikiem.
v) Makaroniki przechowuj w lodówce co najmniej 24 godziny przed jedzeniem, aby smaki mogły się w pełni rozwinąć.

WNIOSEK

Kiedy dochodzimy do końca „Ultimate Czerwony Aksamit Pieczy", mamy nadzieję, że zainspirowało Cię to do zanurzenia się w luksusowym świecie czerwonego aksamitu i odkrycia nieskończonych możliwości, jakie oferuje. Czerwony aksamit to coś więcej niż tylko smak; to symbol dekadencji, elegancji i świętowania. Kontynuując swoje przygody z pieczeniem, niech każda upieczona przez Ciebie kreacja z czerwonego aksamitu wniesie radość do Twojej kuchni i zachwyci Twoje kubki smakowe.

Kiedy delektujesz się ostatnimi okruszkami Twojego najnowszego dzieła z czerwonego aksamitu, a aromat świeżo upieczonych smakołyków zanika, wiedz, że magia czerwonego aksamitu zawsze będzie trwać. Podziel się swoją miłością do czerwonego aksamitu z przyjaciółmi i rodziną, eksperymentuj z nowymi kombinacjami smaków i pozwól swojej kreatywności zabłysnąć podczas tworzenia własnych arcydzieł z czerwonego aksamitu.

Dziękujemy, że dołączyłeś do nas w tej pełnej przyjemności podróży po świecie czerwonego aksamitu. Niech Twoja kuchnia wypełni się bogatym aromatem kakao, Twój stół urokiem czerwonych aksamitnych smakołyków, a Twoje serce radością pieczenia. Do ponownego spotkania, życzę udanych wypieków i smacznego!

www.ingramcontent.com/pod-product-compliance
Lightning Source LLC
Chambersburg PA
CBHW070658120526
44590CB00013BA/1007